التدخين .. والإدمان
وإعاقة التنمية

بسم الله الرحمن الرحيم

"وأنفقوا في سبيل الله ولا تلقوا بأيديكم إلى التهلكة وأحسنوا إن الله يحب المحسنين"

سورة البقرة : الآية

195

"ولا تفسدوا في الأرض بعد إصلاحها وادعوه خوفا وطمعا إن رحمت الله قريب من المحسنين"

سورة الأعراف : الآية 56

"واذكروا إذ جعلكم خلفاء من بعد عاد وبوأكم في الأرض تتخذون من سهولها قصورا وتنحتون الجبال بيوتا فاذكروا آلاء الله ولا تعثوا في الأرض مفسدين"

سورة الأعراف : الآية 74

التدخين .. والإدمان
وإعاقة التنمية

د. حسن أحمد شحاتة
أستاذ الكيمياء الفيزيائية
كلية العلوم – جامعة الأزهر

الطبعة الأولى
2006 م

رقم الإيداع: 2005 / 15578

الترقيم الدولي: 4 - 15 - 6149 - 977

الناشر
الأكاديمية الحديثة للكتاب الجامعي
82 شارع وادى النيل ، المهندسين ، القاهرة ، مصر
تلفاكس: 561 3034 (00202) E-mail: J_hindi@hotmail.com

الكتـــــــــاب : التدخين والإدمان وإعاقة التنمية

المؤلـــــــــف : أ.د. حسن أحمد شحاتة

الطبعـــــــــة : الأولى

تـــاريخ الإصــدار: 1427هـ-2006م

حقـــوق الطبـــع : محفوظة للناشر

النــــــــاشر: الأكاديمية الحديثة للكتاب الجامعى

العنــــــوان : 82 شارع وادى النيل المهندسين ، القاهرة

تلفــــــاكس: 561 3034 (00202)

البريد الإليكترونـــي: J_hindi@hotmail.com

الموقع على الإنترنـت: Maufub.2Masr.com

رقـــم الإيــداع: 2005 / 15578

الترقـــيم الـــدولي: 4 - 15 - 6149 - 977

مراجعـــة لغويـــة: قسم النشر بالدار

إهداء

إلى الإنسان .... فى كل مكان ..

إلى الإنسان ... الذى يدمن التدخين أو المخدرات

أهدى إليه هذا الكتاب .. لعله يدرك ماذا يفعل بنفسه وصحته ، ويرى المصير الذى ينتظره لو أصر واستمر على إدمانه.

المؤلف

المقدمة

يعد إدمان التدخين والمخدرات أحد القضايا المهمة والتحديات الصعبة التي تواجه الإنسان مع بداية القرن الحادي والعشرين الميلادي ، بجانب القضايا الخطيرة الأخرى ، ومنها قضية التلوث ، الذي يعد التدخين أحد أسبابها وأدواتها.

وعلى الرغم من أن قضية الإدمان .. هي سلوك شخصي يقع من الفرد ، إلا أن آثاره القاتلة والمدمرة تصيب المجتمع كله وتهدد كيانه وتنذر بأسوأ العواقب وأفظع النتائج ، فالتدخين سلوك خاطئ يمارسه البعض عن عمد أو عن جهل ، وهو يصل بصاحبه إلى مرحلة الإدمان ، وليس إدمان التدخين فحسب بل إدمان المخدرات والكحوليات أيضا.

فالتدخين .. هو البوابة السحرية لدخول عالم الإدمان والوقوع في براثنه ، وقد تكون الخطوات الأولى نحو عالم الإدمان غير محسوسة .. إلا أن الخروج منه أو محاولة ذلك ليس بالأمر السهل ، إذ لم يكن من المستحيل.

وعلى الرغم من عمليات التنوير التي تمت في بداية القرن العشرين الميلادي، وما صاحبها من تقدم علمي وتقني في مختلف المجالات ، وازدياد الوعي الثقافي الذي يعيشه الإنسان اليوم ويمارسه ، إلا أن أعداد المدمنين (للتدخين أو المخدرات) في ازدياد مستمر ومطرد في جميع المجتمعات المتقدم منها والنامي ، وتوضح الإحصائيات الحديثة أن قطاع الشباب هم أكثر الفئات العمرية إنخراطا بين مدمني التدخين والمخدرات . وهنا تكمن المصيبة الكبرى . فالشباب هم أمل الأمة .. هم الحاضر والمستقبل ، هم علماء الغد ومفكريه وفلاسفته ، فكيف يتأتى لهم القيام بدورهم المنشود تجاه وطنهم وأمتهم ، وقد أنهكتهم المخدرات ودمرهم الإدمان.

ويعد هذا الكتاب محاولة صادقة لإلقاء الضوء على إدمان التدخين والمخدرات وتأثيراته الخطيرة والقاتلة على الإنسان ، والمدمرة لصحته وأجهزة جسمه المختلفة . كذلك إلقاء الضوء على الأبعاد المختلفة لقضية الإدمان ، الأبعاد الاقتصادية والاجتماعية والبيئية ، وهى أبعاد مهمة لأنها تلقى الضوء على علاقة الإدمان وتأثيراته المختلفة على عناصر مختلفة لا يعيرها البعض الاهتمام الكافي.

كذلك يعد هذا الكتاب صرخة توضح تأثير الإدمان على الاقتصاد القومي وعلى التنمية المنشودة لتحقيق الرفاهية لكل فرد من أفراد الوطن ، كما يتناول الكتاب المحاور المختلفة التي يتم من خلالها مكافحة الإدمان بكل صوره وأشكاله.

و الله من وراء القصد ، وهو الهادي إلى سواء السبيل.

المؤلف

القسم الأول
التدخين وأضراره

الفصـل الأول : مقدمة عن التدخين
الفصل الثاني : أنواع التدخين
الفصل الثالث : مضار التدخين
الفصل الرابع : الأبعاد الاقتصادية والاجتماعية للتدخين

الفصل الأول
مقدمة عن التدخين

التدخين سلوك خاطئ

مما لاشك فيه أن التدخين سلوك خاطئ وممارسة رذيلة يمارسها كثير من الناس ، وبكل أسف فإن قطاع كبير منهم من تلك الفئة التي تدعى العلم والرقى والتمدن والحضارة.

ويعد التدخين .. أخطر السلوكيات التي تهدد صحة الفرد والمجتمع ، لما له من آثار سلبية على جسم الإنسان وأجهزته المختلفة ، فهو يؤثر على القلب والكبد والرئتين والعين ، كما ينشأ عن التدخين ضعف عام للشهية ؛ وهذا يؤدى بدوره إلى الضعف العام للجسم.

ويمكن اعتبار التدخين قضية أخلاقية وسلوكية ، لما لها من انعكاسات على الفرد المدخن نفسه وعلى الآخرين والمشاركين له في المسكن أو المجاورين له أو العاملين معه ، فإذا كان البعض يعتبر أن التدخين سلوك فردى سيئ يؤذى المدخن نفسه ، إلا أنه يؤذى المحيطين به ويؤثر في كل أفراد المجتمع بطريقة مباشرة أو غير مباشرة , ويؤدى إلى أضرار صحية واجتماعية واقتصادية خطيرة .

وإذا كان الكثير من القضايا والمشاكل التي يتعرض لها المجتمع يقع عاتقها على الحكومة والمؤسسات المسئولة , إلا أنه بالنسبة لقضية التدخين فإن المسئولية تقع على الفرد أولا وأخيرا , حيث أنه هو القادر بعزيمتة وقوة إرادته على تجنب الوقوع في براثن هذه " العادة " القاتلة , وبذلك يحمى نفسه ويحافظ على صحته , وصحة الذين يعيشون معه في المنزل والعمل .

وفى الحقيقة , فإن الشخص الذى يمارس عادة التدخين , هو شخص عديم الشعور بالمسئولية تجاه نفسه وأهله ووطنه , بـل وتجاه الإنسانية كلها . وهـذا السلوك يدل على رعونته , وفقدانه لأهليته , فهو يدمر كل شئ دون تمييز أو إدراك .

فإذا كان من حق الشخص المدخن أن يمارس هذه العادة القاتلة [فهو ينتحر ببطء] من باب الحرية الشخصية التى يتغنى بها البعض هـذه الأيام دون إدراك وفهم حقيقى لمفهوم وحدود الحرية الشخصية , فإنه – وبكل تأكيد – ليس من حقه أن يقتل الآخرين من بنى جنسـه أو يضرهم ويؤذيهم بتلك السموم التى ينفثها فى كل مكان .

فالدخان المنبعث من سجائر المدخنين وأنوفهم وأفواههم ما هو إلا سموم تلوث الهواء الذى يستنشقه غير المدخنين , بل وربما يصبح أشد خطرا عليهم , وهو ما يعرف بـ [التدخين السلبي] , حيث يستنشق إنسان دخان وسموم سيجارة يدخنها إنسان آخر , دون أن يـدخن هـو . وهكـذا يصبح الشخص غير المـدخن كالمدخن إذا تعرض لدخان السجائر . والإنسان دون إرادته يتنفس الهواء والـذى غالبا ما يكون ملوثا بدخان سجائر المدخنين .

وفى الحقيقة فإن [التدخين السلبي] يمثل إعتداء صارخ على حق الإنسـان غير المدخن فى استنشاق هواء نظيف خال من التلوث والمواد السامة القاتلة الموجودة فى دخان السجائر المحـترق . فإذا كان مـن حق الشخص المـدخن أن يستمتع بسيجارته , فإن من حق الشخص غير المدخن أن يستمتع بالهواء العليل الصحي الخالي من الملوثات .

ونقول للشخص المدخن الذى ينادى بالحرية .. نقول له نعم [أنت حر .. مـا لم تضر] , نعم أفعل ما شئت وقتما شئت أينما شئت , ولكن بشرط

ألا تؤذى أو تضر الآخرين . فإذا وقع الضرر , قيدت الحرية , وضبطت الأمور حفاظا على النفس البشرية وصونا للكرامة الآدمية . وهذا يتمشى تماما مع الحكمة القائلة [لا ضرر ولا ضرار] , وهذا هو الأصل في شريعتنا السمحاء , وفي كل شرائع السماء , فجميعها من منبع واحد , وجميعها تسن من الشرائع ما تحرم به دم الإنسان وماله وعرضه . وما يفعله دخان السجائر بالجسم وأجهزته .. يجعل السجائر تصل إلى رتبة المحرمات .

التبغ [الدخان]

التبغ [الدخان] .. هو نبتة موسمية لا تنبت إلا في الصيف في المناطق الحارة أو المعتدلة الحرارة . وشجيرة التبغ هي من الفصيلة الباذنجانية , وهى ترتفع عن سطح الأرض بمقدار متر إلى متر ونصف المتر وتتكون من ساق طويل يتفرع عنه عدد من الأوراق العريضة اللامعة اليانعة الخضار .

والتبغ أصناف مختلفة يفوق عددها مائة صنف . وهو نبات حشيشي ـ مخدر مر الطعم . وبعد التحقيق والتجربة ظهر أن التبغ بنوعيه : التوتوك والتنباك من الفصيلة الباذنجانية التى تشتمل على أثر النباتات السامة كالبلادونا والبرش والبنج . وهما مركبان من أملاح البوتاس والنوشادر , ومنه مادة صمغية , ومادة حريفة تسمى [نيكوتين] , وقالوا هي من أشد السموم فعلا[1].

ويدخن الإنسان التبغ عن طريق السجائر والسيجار والبايب والشيشة , والبعض يمضغ أوراقه بحالتها الطبيعية أو بعد تجفيفها , والبعض يستنشقه على هيئة مسحوق [النشوق] . والدخان من الناحية الكيميائية نوعان , وهما :

---

(1) أحمد بن عبد العزيز الحصين : التدخين هذا الوباء القاتل ـ مكتبة الطرفين ـ الطائف ـ السعودية ـ 1409 هـ .

أ- قلوي التفاعل : حيث تمتص أغشية الفم والبلعوم النيكوتين مباشرة . ويحدث هذا لدى الذين يدخنون السيجار والغليون

ب- حامض التفاعل : حيث تمتص الرئتان النيكوتين , ويكون هذا عادة لدى مدخني السجائر , وذلك لأنهم يبلعون الدخان حتى يصل إلى رئاتهم فيمتص ما يقرب من ثلاثة أضعاف كمية النيكوتين الممتصة في النوع الأول .

بداية التدخين

بدأت عادة التدخين منذ أكثر من ألفى عام في حضارة [المايا] في وسط أمريكا ثم انتقلت إلى شمال أمريكا .

فقد اكتشف كريستوفر كولومبس عام 1492 م نبات الطباق عندما وصل إلى تلك الأرض الجديدة التي اكتشفها [أمريكا] , ولاحظ أن سكانها الأصليين [الهنود الحمر] يدخنون أوراقا صفراء , يضعونها في أنابيب طويلة تسمى [توباكو] فأعجب بها , ونقلها معه إلى أوربا . كما وجدهم يستخدمونه في الطقوس الدينية والحفلات , حيث كانوا يعتقدون أن لتلك الأوراق [الدخان] فوائد علاجية . ومن المحتمل أن يكون ذلك هو السبب في تشجيع الأوربيون على تدخينها وانتشارها في أوربا في القرن السادس عشر الميلادي . فقد انتشرت عادة التدخين في أوربا انتشار النار في الهشيم لاعتقاد الناس أنه نوع من أنواع التداوى بالأعشاب . وكان ذلك بتشجيع من [جان نيكوت] [1], إذ ادعى أن الحشيش هذا [الدخان] له قدرة عجيبة على شفاء كثير من الأمراض كالناسور والتقرحات الجلدية . وقد بدأ الأوربيون تدخين

(1) [جان نيكوت] هو سفير فرنسا في البرتغال في ذلك الوقت , حيث تقرب بهذا الدخان إلى مليكتة [مارى دي مدسيس] في باريس , التي أغرمت باستعماله بصورة دائمة.

التبغ في الغليون , ثم استخدموا السيجار . ولم يبدأ تدخين السجائر إلا بعد حرب القرم [1854 – 1856م] بين الأتراك والروس . وقد حرف الأوربيون الاسم وأصبح [توباك] . وقد انتشر ـ في فرنسا انتشارا واسعا وارتفع سعره ارتفاعا لا يوصف .

وهناك رأي آخر يقول : إن عادة التدخين عرفت منذ العصور القديمة [قبل الميلاد] , وإن جنود الرومان كانوا يلهون بعد المعارك بتدخين أوراق الخس , وهى تحتوى على مواد مهدئة للأعصاب المتوترة[1] .

وعلى الرغم من ذلك , نجد أن هناك من تنبه إلى أضرار التدخين والهواء الملوث بدخان السجائر . ففي عام 1603م , كتب الملك [جيمس الأول] ملك إنجلترا مقالا عنوانه : [ضربة معاكسة للتبغ] , سخر فيه من الذين يقولون إن للتبغ أي قيمة علاجية , وقد اختتم مقاله بالجملة التالية [إن التدخين عادة تأنفها العين , ويبغضها الأنف , وهى مضرة بالدماغ , وخطرة على الرئتين] . وقد أصدر قانونا يمنع التدخين منعا باتا .

كذلك أصدرت روسيا قرارا يمنع التدخين في عام 1634م . وفي القرن السابع عشر أصدرت الدنمارك والسويد وصقلية والنمسا والمجر قوانين تحرم التدخين[2] .

وتذكر بعض الكتب أن القسطنطينية شهدت أشرس الحملات المعارضة للتدخين إلى حد توقيع عقوبة الإعدام على المدخنين . كما منع بعض القساوسة في أسبانيا وأمريكا التدخين داخل الكنائس .

ويذكر أن السلطان مراد [أحد حكام الدولة العثمانية] كان يأمر بإيداع

---

(1) انظر : طبيبك معك – جـ2 – ص 510.
(2) الدكتور ماجد أبي رحيبة – فقه الأشربة وأحكامها – ص380.

المدخنين السجن وتعذيبهم . وقد حاربت فرنسا التدخين , وعاقبت من يتعاطاه بالجلد والسجن ، كما سنت كندا قوانين لمنع بيعه وصناعته[1].

انتشار تدخين التبغ في الدول العربية والإسلامية

يمكن القول بأن التدخين انتشر في البلاد الإسلامية في أواخر المائة العاشرة للهجرة على يد بعض اليهود والنصارى . فقد عرف الدخان في المنطقة العربية في آخر القرن العاشر [أي المتمم للألف] وأوائل القرن الحادي عشر الهجري بنحو خمس سنوات تقريبا . وأول من جذبه لأرض المغرب يهودي زعم أنه حكيم ودعا الناس إليه , ثم جلب إلى مصر والحجاز والهند وغالب بلاد الإسلام[2]. ويذكر التاريخ أن أول من دخل به أرض مصر رجل يدعى أحمد بن عبد الله الخارجي . وهو سفاك للدماء بغير حق , وهو من أهل العزائم والسحريات . ويقول الدكتور عبد العزيز شرف : أما في مصر فكان أول دخول التبغ بها عام [1601 - 1603] ميلادية[3].

وقد جلب التبغ إلى البر الردمى رجل اسمه [الإتكين] من النصارى , كما أن أول من أخرجه ببلاد السودان هم المجوس ثم حلب ثم إلى مصر فالحجاز وسائر الأقطار[4].

وقد دخل التبغ إلى شرق الوطن العربي عن طريق تركيا في القرن السابع عشر ؛ وذلك عن طريق بعض التجار , ثم إلى باقي الدول العربية . ومع أن

(1) الشيخ عبد الله بن جيريين- التدخين - جـ2- دار طيبة السعودية-1406 هـ.
(2) ثابت صالح الحفنى المالكي - فيض الرحيم الرحمن في تحريم شرب الدخان - ص10.
(3) الدكتور عبد العزيز شريف - المكيفات - ص302.
(4) أحمد بن محمد المنقور - الفواكه العديدة - جـ2 - ص80.

علـماء المسـلمين تصـدوا لـه منـذ الأيـام الأولى إلا أنـه انتشر۔ فيهـا بسـبب إصرار الشركات الغربيـة عـلى ترويجـه , وبمسـاعدة الحكـام لهـا في ذلـك حيـث أغـرتهم الضرائب التي يجمعونها من تجار التبغ [الدخان].

تصنيف التبغ :

لقد ثبت بما لا يدع مجال للشك أن هناك آثار خطيرة لتدخين التبغ , كـما أنـه يتسبب في حدوث أمراض متعـددة . وهـذا مـا دفـع المسئولين إلى تصـنيف التبـغ ضمن قائمة المخدرات .

ويمكن تقسيم المواد المخدرة [المخدرات] إلى قسمين , هما :

1- مواد مخدرة طبيعية :

وهى مواد كيميائيـة تسـتخلص مـن بعـض النباتـات , مثـل : الأفيـون ؛ الـذي يستخلص من نبات الخشخاش , والكوكايين ؛ الذي يستخلص من شجرة "الكوكـا" , والحشيش ؛ الذي يستخلص من نبات [القنب].

2- مواد كيميائية تخليقية :

وهى مواد يتم تحضيرها في المعامل , مثـل : الأمفيتامينـات , والبـاربشيورات , وغيرها . وسـوف نتعـرض لـبعض هـذه المـواد المخلقـة فى القسـم الثـاني مـن هـذا الكتاب .

وبالرغم من انه ينسب لـبعض المخـدرات خصـائص علاجيـة , إلا أنهـا عمومـا تسبب أضرار بالغة تؤدى إلى تـدهور صـحة الإنسـان , حيـث تغـير الطريقـة التـي يعمل بها الجسم وأجهزته , كما أنها تغير إحساس متعاطيها وطريقة تفكـيره . كـما أن تعاطيها يؤدى إلى التعلق البدنى والنفسي [الإدمان] ، ويحدث اختلالا في التفكير والإدراك والوعي والسلوك .

ويصنـف التبـغ [الدخان] ضمن القسم الأول . ولقد أثبتت الدراسـات

والبحوث أن مادة النيكوتين الموجودة بالتبغ هي أحد أنواع المخدرات والتي تولد [الاعتياد] ثم [الإدمان].

التدخين والإدمان :

وتبدأ خبرة الإنسان مع السيجارة الأولى فالثانية فالثالثة , وهو يحاول أن يكتشف السر الدفين الذي يغرى المدخن بالاستمرار في التدخين , ويسعى في طلبه وينفق في سبيله المال , بينما قد يبخل في الإنفاق على طعامه وطعام أولاده واحتياجات أسرته .

ومتى بدأ التدخين , فان الآثار المتعددة والمؤثرة للنيكوتين على أجهزة الجسم سرعان ما تولد [الاعتياد] على تعاطيه ثم تصل بالمدخن إلى مرحلة [الإدمان].

وقد أدرجت منظمة الصحة العالمية التبغ ضمن المواد المسببة للإدمان , وقد تأكد أن جميع أعراض ومظاهر الإدمان تتوفر في مدمني التدخين . وتتمثل هذه الأعراض في الشعور بالتوتر الشديد , والرغبة الملحة في التدخين عند الامتناع عنه أو عند عدم توفر السجائر . كما أنهم يلجئون إلى زيادة عدد السجائر أو كميات التبغ التي يستهلكونها تدريجيا للحصول على نفس الأثر .

وقد لوحظ أن مدمنى التدخين يصابون بأمراض نفسية وجسمانية مزعجة عند الامتناع عن التدخين , وتعرف هذه الظاهرة بأعراض [سحب النيكوتين] . وتختلف هذه الأعراض من شخص إلى آخر من حيث شدتها , والأمراض التي تصيبه . ومن أهم هذه الأعراض :

- القلق والعصبية
- التعب عند بذل أي مجهود
- اضطراب النوم
- عدم التركيز والتبلد

- الرغبة الملحة في التدخين   - حدة الطبع
- الصداع   - ضعف الذاكرة
- التوتر الشديد

ومـما يؤكـد أن المـدخن مـريض بالإدمـان مـثلما هـو الحـال عنـد مـدمني المخدرات , اختفاء أعراض سحب النيكوتين السابقة فورا عند إعطاء مـدمن التدخين حقنة نيكوتين في الوريد .

دخان التبغ [الدخان الناتج عن احتراق التبغ] :

إن المخاطر الصحية والأمـراض المرتبطـة بالتـدخين لا تقتصرـ عـلى مستخدمي التبغ بصوره المختلفة (السيجارة – السيجار – الشيشة) , ولكن هناك اخطر مـن ذلك وهو تأثير دخان التبغ عـلى المـدخنين وغـير المـدخنين , عـلى السـواء . ويمكن تقسيم دخان التبغ إلى نوعين , وهما :

النوع الاول : الدخان الرئيسى   Main Stream

وهو الدخان الذي يستنشقه المدخن من طرف السيجارة الموجودة بفمـه [أو من طرف السيجار أو البايب أو الشيشة] , ثـم يطرده مـن رئتيـه إلي الهـواء مرة أخرى عن طريق فمه أو أنفه .

وهناك من المدخنين من يستنشق هـذا الـدخان بفمـه ويكتمـه داخل صـدره لمدة ثوان دون أن يخرجه من فمه أو أنفه , وكأنه يجد لذة ومتعـة كبيرة في هذا السلوك . وهو لا يـدرى أنـه يـدمر رئتيـه وشعبه الهوائيـة بـذلك الـدخان الـذى يحبسه داخل صدره .

النوع الثاني : الدخان الجانبى   Side Stream

هـو الـدخان الخارج إلى الهـواء مبـاشرة نتيجـة احتراق طرف السـيجارة أو السيجار أو البايب . وقد أثبتت الدراسات والأبحاث أن هذا النوع من الدخان

يحتوى على تركيز أكبر من القطران والنيكوتين وغاز أول أكسيد الكربون السام . بالإضافة إلى المواد الكيميائية الأخرى المسببه للسرطانات , إذا ما قورن بالنوع الأول الذي يستنشقه المدخن مباشرة أثناء ممارسة عادة التدخين .

ودخان التبغ في البيئة المحيطة الذي يتعرض له غير المدخن هو خليط من الدخان الخارج إلى الهواء من رئة المدخن [النوع الأول] , والدخان الناتج من احتراق طرف السيجارة وخروجه إلى الهواء مباشرة [النوع الثاني] . وهذا يوضح مدى خطورة تعرض غير المدخنين لدخان التبغ في البيئة المحيطة .

******

الفصل الثاني
أنواع التدخين

أشكال التدخين :

تتعدد أشكال التدخين وأنواعه حسب نوع مادة التبغ المستخدمة , والطريقة أو الأداة المستخدمة لإشعال وحرق هذه المادة . ويمكن تقسيم التدخين إلى الأنواع التالية :

- تدخين السيجارة [السجائر بأنواعها]

- تدخين السيجار

- تدخين البايب

- تدخين النارجيلة [الشيشة]

- تدخين الجوزة

مع ملاحظة أنه يمكن إضافة بعض أنواع المخدرات , مثل : الحشيش والبانجو , عند ممارسة الأشكال المختلفة للتدخين .

عوامل انتشار التدخين بوجه عام :

نلاحظ , في الآونة الأخيرة , انتشار وتفشى ظاهرة التدخين , وخاصة بين صغار السن من الشباب , وفئات الحرفيين . ويمكن حصر أسباب تفشى هذه الظاهرة في مجموعة من العوامل , أهمها :

- قلة الوعي   - الجهل وانتشار الأمية

- محاولة تقليد الكبار   - رفقاء السوء

- ضعف رقابة الأسرة على أبنائها   - حب الاستطلاع

- تفكك الأسرة , وغياب الأب

- الهروب من المشاكل الخاصة
- تدليل الأبناء ؛ وخاصة إذا كان هذا الابن هو [الوحيد]

عوامل انتشار تدخين السجائر بوجه خاص :

يعد تدخين السيجارة هو أكثر أنواع وأشكال التدخين شهرة وانتشارا بين جموع المواطنين , وفي مختلف بلدان العالم , المتقدم منها والنامي ، على السواء .

وربما يرجع انتشار تدخين السيجارة – على وجه الخصوص – إلى العوامل التالية :

1- صغر حجمها وسهولة حملها :

تتميز السيجارة بحجمها الصغير مقارنة بالأنواع الأخرى , وهي خفيفة مما يسهل حملها , بل وحمل أعداد منها دون عناء .

2- سهولة التنقل والاحتفاظ بها :

وفي الحقيقة , فإن صغر حجم السيجارة , وكونها خفيفة في الوزن , يجعل عملية الاحتفاظ بها سهلة وميسرة , بل ويساعد ذلك على إمكانية حملها والتنقل بها دون أن تمثل أي عبء على حاملها.

3- سهولة إشعالها :

تعد عملية إشعال السيجارة أسهل وأيسر ـ بكثير من إشعال أنواع التدخين الأخرى , مما يجعل عملية إشعالها في أي وقت , وفي أي مكان سهلة وممكنة مهما كانت الظروف . ومما يؤكد ذلك , أنه في وسائل النقل العام , مثل الأتوبيسات والقطارات وعلى الرغم من الزحام الشديد , نجد أن هناك أناسا يشعلون السيجارة بكل سهولة ويسر , وسط الزحام الشديد من الركاب . ومما لاشك فيه أن هذا السلوك الخاطىء يعد ممارسة مرفوضة ومأثومة يعاقب عليها

القانون [1] .

4- إمكانية الحصول على أعداد قليلة منها :

على الرغم من أن السجائر تعبأ فى علب قد تحتوى الواحدة منها على [10] سجائر أو [20] سيجارة , إلا أن هناك عديد من المحلات , وبخاصة فى الأحياء الشعبية تبيعها بالواحدة [أي : فرط , كما يقولون] . فيمكن للشخص الذي يدخن أن يحصل على سيجارة واحدة أو أثنين أو ثلاثة , حسب قدرته المالية أو ما يتوفر معه من نقود . وهذا , يجعل عملية شراء السيجارة متاحة لأي فرد مهما قل دخله ، وهذا يفسر انتشار تدخين السجائر بين تلاميذ المدارس وطلاب الجامعات .

5- استخدامها .. كأداة للتحية :

ينتشر في أوساط العمال والمهنيين وغير المثقفين , استخدام السيجارة كأداة للتحية والترحيب , وهى عادة سيئة وسلوك غير حضاري . بل وأكثر من ذلك , أن البعض يستخدمها كأداة أو وسيلة للمجاملة في المناسبات , سواء الأفراح أو المآتم في سرادقات العزاء . فتجد شخص يقوم ويمر بين صفوف الجالسين , ويصر ويلح في توزيع السجائر على الموجودين , سواء كانوا يتعاطون تلك السجائر أم لا , وهو يظن بفعلته هذه أنه يشارك أهل المتوفى أحزانهم , وهو من ذلك ببعيد .

6- التقليد [القدوة السيئة] :

يعد التقليد , وخاصة تقليد صغار السن لمن هم بمثابة القدوة لهم ؛ كالأب

---

[1] القانون رقم 4 لسنة 1994م ، حيث ينص فى مادته رقم 87 على : [ويعاقب بغرامة لا تقل عن عشرة جنيهات ولا تزيد على خمسين جنيها كل من يدخن فى وسائل النقل العام . وفى حالة العودة تكون العقوبة الحبس والغرامة المنصوص عليها فى الفقرات السابقة من مواد القانون].

والعم والمعلم ، والأسطى ، وغيرهم من أهم عوامل انتشار التدخين , وبخاصة تدخين السجائر بين طوائف عديدة من أبناء الشعب . ونجد هذا السلوك الخاطىء منتشر بين وسط [الصنيعية] والحرفيين , حيث يحاول الصبي الصغير تقليد الأسطى فى تدخين السجائر , ظنا منه أن ذلك السلوك يرفع من قدره بين أقرانه أو يمنحه إحساسا [خاطئا] بأنه أصبح أسطى كبير مثل الأسطى الذي يعمل في ورشته .

مكونات دخان السيجارة .. وأضرارها :

الدخان الناتج عن تبغ السيجارة عند تدخينها يحتوى على عدد كبير جدا من المواد السامة والمسرطنة . وتتمثل أهم مكونات دخان السيجارة في المواد السامة التالية :

1- القطران [القار] :

هو المادة اللزجة الصفراء التي تؤدى إلى إصفرار الأسنان ونخرها , كما تؤدى إلى إلتهاب اللثة . ويتكون القطران من الاحتراق غير الكامل للتبغ , ويضاف إليه ما يتكون من احتراق ورقة اللفافة .

وتحتوى السيجارة على نحو [3 - 40] ملليجرام من مادة القطران , حسب طول السيجارة ونوع الفلتر . وعندما يستنشق دخان السجائر فإن القطران الناتج عن احتراق التبغ يترسب على جدار الرئتين . وهو من المواد خطيرة التأثير على أنسجة رئة المدخن , وذلك لأن كل من القطران والدخان معا يؤديان إلى إبطاء سرعة الأهداب الصغيرة [أجزاء شبيهة بالشعر] المبطنة لجميع ممرات التنفس . فهذه الأهداب في الشخص غير المدخن والبعيد عن المدخنين تتحرك بمرونة بصفة مستمرة وتعمل على طرد جميع الأنواع الغريبة

كالأتربة والجزيئات التي تدخل ممرات التنفس – وكذلك البلغم – والتخلص منها عن طريق الفم . أما في الشخص المدخن , فان كفاءة هذه الأهداب تتأثر وتقل حركتها نتيجة التدخين , وذلك لأن القطران والمواد الكيميائية الأخرى تصل إلى رئة المدخن وتترسب فيها على شكل كتل لزجة بنية اللون فتقل حركة هذه الأهداب , وبذلك تقل القدرة على طرد البلغم أو أى مواد غريبة تدخل الجهاز التنفسي [1] .

والقطران بأنواعه من المواد المسرطنة , وهو يؤدى مع المواد الضارة الأخرى في التبغ إلى الإصابة بسرطان الرئة , وإلتهاب القصبات المزمن [الإلتهاب الشعبي] .

2- النيكوتين :

هو مادة كيميائية طيارة توجد في ورق التبغ ، وتكون على شكل مائع زيتي عديم اللون ، ويصبح مائلا للصفرة بمجرد ملامسته للهواء .

و هو مادة شبة قلوية و سامة جدا و خطر على جميع المخلوقات ، وعادة ما تستخدم لقتل القوارض . ويكفى جرام واحد منها لقتل عشرة كلاب من الحجم الكبير ، كما أن حقنة واحدة تقدر بواحد سنتيمتر مكعب [1سم3] كافية لقتل حصان . وإذا ما تم حقن إنسان بكمية قدرها [70] ملليجراما من مادة النيكوتين فأنة يموت على الفور . ولكن هذه الكمية ليس لها التأثير المميت إذا أخذت بالتدريج و توزعت على مدى اليوم . كذلك عند وضع عدة نقاط من النيكوتين على لسان إنسان فإنها كافية لقتله بعد بضع ثوان ، مما يثبت سرعة امتصاص الجلد المخاطي للسم .

---

(1) الشخص الذي يدخن السجائر بمعدل علبة في اليوم , يترسب القطران في رئتية بمعدل كوب واحد سنويا.

والنيكوتين هو المادة التي تعطى النكهة للمدخن وتؤدى إلى الإدمان ، مما يفسر عجز السجائر الخالية من النيكوتين عن مساعدة المدخن في الإقلال عن عادة التدخين . و تتراوح كمية النيكوتين ما بين [2-20] ملليجراما في السيجارة الواحدة . ويتوقف امتصاص النيكوتين في الجسم على عاملين , وهما :

الأول : نوع مادة التبغ الثاني : طريقة التدخين

ومن الصعب تحديد كمية النيكوتين التي يمتصها جسم المدخن مباشرة ، ولكنها قدرت عند متوسط المدخنين الذين يبلعون الدخان بكمية تعادل [2.5] ملليجرام لكل سيجارة . وهذا يعنى أن من يدخن [20] سيجارة يوميا ، يمتص جسمة [50] ملليجرام من النيكوتين . ومن البديهي أن تزداد هذه الكمية بزيادة عدد السجائر المدخنة يوميا .

والنيكوتين له أضرارا كثيرة على الشرايين ، وخاصة شراين القلب التاجية . ومن الثابت و المعروف ، أن مدمنى السجائر يعانون دائما من مشاكل في القلب والدورة الدموية .

ويمكن حصر المضاعفات الناتجة عن النيكوتين فيما يلي:

- زيادة ضربات القلب .
- إرتفاع ضغط الدم .
- ضيق في الأوعية الدموية مما يدفع القلب إلي بذل مجهود أكبر لدفع الدم في الأوعية الدموية الضيقة مما يضاعف من استهلاك عضلة القلب نتيجة لزيادة سرعة انقباضها .
- ضيق الشريان التاجي الذي يغذي القلب بالدم ، وهذا يؤدي إلي الذبحة الصدرية .

- ضعف الإبصار نتيجة لضيق الأوعية الدموية المغذية لشبكية العين.

- الإقلال من كمية الدم المتدفقة إلى أجزاء الجسم بصفة عامة.

بالإضافة إلى ما سبق , فإن استنشاق النيكوتين عند المرأة يؤدي إلى نقص هرمونات الأنوثة , مما يؤدي إلى ظهور الشعر في الذقن وكثرته في الساقين والذراعين.

كذلك , فقد ثبت أن النيكوتين الموجود بالتبغ يسبب انقباض الأوعية الدموية وتضييقها مما يؤثر على عضو التناسل عند الرجل الذي يعتمد في نشاطه الجنسي ـ على توسيع الأوعية الدموية وتدفق الدم فيها.

كما ثبت أيضا أن النيكوتين يؤدي إلى ضيق الأوعية الدموية بالعين مما يؤدي إلى نقص في كمية الدم المتدفق إليها مما يسبب ضعف الشبكية وبالتالي ضعف الإبصار.

ويؤدي النيكوتين في النساء إلى زيادة إفراز بعض الهرمونات التي تسبب تقلص الرحم ويعوق الدورة الدموية به.

ومما يجدر الإشارة إليه أن النيكوتين يصل إلى المخ في مدة تتراوح ما بين 7 إلى 8 ثوان ، وهي أسرع مرتين من وصول الهيروين عن طريق الحقن إلى المخ .

3- غاز أول أوكسيد الكربون :

غاز أول أوكسيد الكربون [CO] هو غاز سام . وتختلف نسبته في دخان التبغ حسب كمية الأوكسجين الواصلة إلى منطقة الاحتراق [منطقة التأجج] فكلما كانت كمية الأوكسجين الواصلة قليلة زادت نسبة [CO] والعكس صحيح وتتراوح كميته من [2-20] ملليجرام في السيجارة الواحدة ، حيث تتوقف هذه الكمية على نوع التبغ ونوع الفلتر وكمية الهواء التي يتم استنشاقها

مع الدخان ، كما يحتوى النفس المستنشق من السيجارة على [1-5] % من غاز أول أوكسيد الكربون .

وترجع سمية ذلك الغاز إلى أنه يضعف قدرة الدم على حمل الأوكسجين إلى خلايا الجسم المختلفة ، وذلك لأن غاز [CO] له قدرة كبيرة على الاتحاد مع هيموجلوبين الدم تفوق قدرة غاز الأوكسجين بحوالى [300] مرة . وهذا يؤثر بدرجة كبيرة على قوة حمل الدم للأكسجين لأن كمية الهيموجلوبين التي لها القدرة على الاتحاد بالأكسجين تقل عند المدخنين ، حيث يتحد غاز أول أكسيد الكربون مع مادة هيموجلوبين الدم مكونا [كربوكسى- هيموجلوبين] ذات الفعل السرطاني . وهذا يؤدى إلى أضرار بالغة بخلايا الجسم حيث تبدأ نتيجة لذلك أضطرابات في وظيفة الجهاز العصبي للمدخن عندما يصل تركيز مادة [كربوكسى- هيموجلوبين] في الدم إلى [2-5 %] . وتحدث هذه النسبة من التركيز عندما يبلغ تركيز غاز أول اوكسيد الكربون في هواء الشهيق [30] جزء في المليون .

كذلك يؤدى اتحاد غاز أول أوكسيد الكربون مع هيموجلوبين الدم إلى نقص الأوكسجين الواصل للخلايا . وينتج عن ذلك الشعور بالإرهاق ، والصداع ، والدوخة ، والميل للقيء ، وحدوث التسمم . وهي أعراض يعاني منها المدخنين أكثر من غيرهم .

وأذكر هنا ذلك الخبر الذي ذكرته مجلة أخبار النجوم في عددها رقم [372] الصادر يوم السبت 1999/11/20م ، ومفاده أن الممثلة العالمية [بروك شيلدز] أصيبت بالتسمم والاختناق أثناء تصوير أحد مشاهد فيلمها [الأعزب] ، وذلك بعد قيامها بتدخين أكثر من خمسين سيجارة .

ويؤدى غاز [CO] مع النيكوتين ؛ إلى تعريض المدخن للإصابة بالتجلط

التاجي [حدوث جلطات بالقلب] ، وأمراض الأوعية الدموية .

كذلك ، يزيد أول أكسيد الكربون من احتمال الإصابة بالذبحة الصدرية لأنه يعمل على زيادة كمية الكوليسترول المترسبة على جدران شرايين القلب .

وقد بينت الدراسات أن استنشاق السيدات الحوامل لغاز أول أوكسيد الكربون قد يؤدي إلي اضطراب في النمو العام وكذلك النمو العقلي للجنين. كذلك فإن غاز أول أوكسيد الكربون يمر من دم الأم [المدخنة] إلي دم الجنين ، وينافس غاز الأكسجين في ارتباطه بهيموجلوبين الدم ، مما يؤدى إلى نقص غاز الأكسجين الذي يؤثر على عمليات بناء الأنسجة لدى الجنين .

ومما تجدر الإشارة إليه ، أن تركيز غاز أول أوكسيد الكربون في الهواء في الشوارع المزدحمة بالسيارات يتراوح ما بين [50- 100] جزء في المليون ، بينما يكون معدل تركيز غاز أول أوكسيد الكربون في دخان السجائر في حدود [4000] جزء فى المليون . وهذا وحده يكفى لتوضيح الخطر المحدق بالمدخنين نتيجة هذه العادة السيئة القاتلة .

كذلك ، فإن غاز أول أوكسيد الكربون يؤثر تأثيرا ضارا على خلايا الغشاء الداخلي المبطن للشرايين ، ويؤدى إلى تراكم كميات كبيرة من الدهون على جدرانها ، مما يؤدى إلى ضيقها ، وهذا يعوق تدفق الدم خلالها .

4- عنصر الكادميوم :

الكادميوم عنصر من العناصر الثقيلة ، وهو عنصر سام . وتظهر أثاره الضارة على أجهزة الجسم مع تزايد كمياته ، فهو من العناصر التي تتراكم بالجسم ، ولا يستطيع الجسم التخلص منها .

وعنصر الكادميوم الموجود بالتبغ يتصاعد مع الدخان . وتعمل أبخرة الكادميوم على إثارة الأغشية المخاطية المبطنة للقناة التنفسية والحلق عند

الشخص المدخن ، مما يؤدى إلى اضطرابات تنفسية وسعال متكرر. وربما يؤدى ذلك الى تورم الرئتين ، وصعوبة بالغة في التنفس .

كذلك فقد يصل الكادميوم إلى الكلى ويترسب فيها ويتراكم بها مما يؤدى إلى أضرار صحية خطيرة على الكلى وكل أعضاء الجهاز البولي . وقد يمتد تأثير الكادميوم إلى الجهاز الهيكلي [العظمى] ، مما يؤدى إلى تلف العظام وتكسيرها . وهذا يؤثر على النمو الطبيعي وطول الجسم .

5- مادة البنزوبيرين:

تحتوى السيجارة الواحدة على نسبة لا تقل عن [30] ملليجراما من مادة البنزوبيرين . وهذه المادة من أخطر المواد ضررا لأجهزة الجسم إذا وصلت إليها . وهى إحدى العوامل الرئيسية لإصابة المدخنين بالسرطانات المختلفة .

كما أشارت بعض الدراسات إلى أن مركب البنزوبيرين يحدث خللا في هرمونات الأنوثه ، ويقلل من معدل إفرازها ، مما يؤثر على درجة الإخصاب في المرأة المدخنة ، ويضعف من قابلية البويضة فيها لعملية التلقيح ، وبالتالي تتضاءل فرصة تعرضها للحمل .

6- مادة البولنيوم 21:

مادة البولنيوم [21] هي مادة مشعة ، تتركز في رئة المدخن وتفتك بها . وتتسبب بما تحويه من إشعاع ومواد أخرى في تشويه الأجنة وإصابتهم بسرطان الدم [اللوكيميا] ، والتخلف العقلي . كما تتسبب في حدوث كثير من حالات الإجهاض .

7- عنصر الرصاص:

عنصر الرصاص من العناصر الثقيلة والمعروفة بتأثيرها التراكمي الضار ، حيث لا يستطيع الجسم إفرازه أو التخلص منه .

ولذلك يعد عنصر الرصاص ومركباته من المواد الضارة التي تدخل إلى

الجسم من خلال ممارسة عادة التدخين .

8- الزرنيخ:

هو مادة سامة ، وهو أحد المواد الناتجة عن احتراق التبغ . وعند تدخين السيجارة ينفذ من هذه المادة السامة [10%] ، ويدخل الرئتين ، حيث تبدأ مضاعفاتها الخطيرة على الإنسان وأجهزة جسمه المختلفة . وكما هو معروف ، فإن هذه المادة تستخدم في إبادة الحشرات نظرا لتأثيرها السام .

9- سموم أخرى :

هذه السموم تشمل مواد يصل عددها إلى حوالي [48] مادة ، منها مواد مسرطنة [تسبب الإصابة بالسرطانات المختلفة].

وأهم هذه المواد السامة ما يأتي :-

- داى ميثيل نيتروز أمين	- فينيل كلورايد
- ميثيل كاربازول	- فورمالدهيد
- هيدرازين	- فلورانثين
- نيتروبيرلين	- نافثالين
- نيكل	- أرسنك

هذا ، بالإضافة إلى مادة نافثيل أمين . وقد ثبت أن هذه المادة تسبب سرطان المثانة في المدخنين .

حبس دخان السيجارة في الصدر :

من العادات السيئة بين المدخنين ، حبس الدخان [النفس] داخل الصدر – لعدة ثوان – وعدم إخراجه من الأنف أو الفم . وقد ثبت أن جميع المواد الضارة السابق ذكرها تترسب بنسبة [80%] في الشعب الهوائية إذا حبس المدخن دخان سيجارته في صدره لمدة ثانيتين أو ثلاث ثوان ، حيث تتسرب إلى داخل أنسجة الرئة ، ومنها إلى الدم ، الذي ينقلها إلى أعضاء الجسم المختلفة ،

فتتسبب في حدوث العديد من الأمراض والمشاكل الصحية .

جميع وسائل التدخين ضارة

تنتشر بين المدخنين أقوال وعبارات كثيرة ، وكلها تدور حول أن أحد أنواع التدخين (أخف) أو أقل ضررا من غيره . فيقولون أن الشيشة أخف ضررا من السجائر ، وأن السيجار أفضل من الشيشة .

ومما لا شك فيه ، أن كل هذه الأقاويل باطلة وغير صحيحة . فقد أثبتت الأبحاث والدراسات الطبية أن جميع أنواع وأشكال التدخين ضارة جدا ، وليس منها أو بينها من هو الأفضل ، أو الأقل ضررا .

وسوف نوضح ذلك فيما يلي :-

1- تدخين السجائر:

دخان السجائر حمضي ، ويتم امتصاص نيكوتين السجائر عن طريق الشعب الهوائية . وتزيد نسبة النيكوتين في الدم سريعا بعد تدخين سيجارة واحدة ، وقد تصل إلى أقصى قيمة لها ، وهي [10 – 40] ملليجرام / لتر ، في أقل من خمس دقائق . وتظل آثار النيكوتين موجودة في الدم لمدة ساعة تقريبا .

2- تدخين السيجار:

دخان السيجار قلوي . ويتم امتصاص نيكوتين السيجار عن طريق غشاء الفم ، ليصل إلى الدم ، حتى وإن لم يستنشق مدخن السيجار الدخان داخل صدره .

3- الشيشة و الجوزة:

أثبتت الدراسات الكيميائية والطبية ، أن كمية النيكوتين الموجودة في دخان الجوزة تقل عنها في السجائر ، في حين تزيد كمية غاز [CO] في كل من الجوزة والسيجار والبايب عنها في السجائر .

وهكذا ، نرى أنه ليس هناك نوعا من التدخين أقل ضررا من الآخر . وقد ثبت أن كثيرا من العاملين في المقاهي مصابون بالسل ، وذلك بسبب عادة تناوب تناول الشيشة بين نزلاء المقهى .

التدخين السلبي [التدخين غير المباشر]

التدخين السلبي ... هو استنشاق دخان سيجارة يدخنها شخص آخر .

فنجد أن التدخين السلبي يجعل الشخص غير المدخن وكأنة يدخن . بل وفي أحوال كثيرة تظهر على ذلك الشخص الأعراض نفسها التي يعانى منها المدمنين ، وذلك في حالة ملازمتة بصفة مستمرة للمدخنين والتخالط معهم ومجالستهم لمدد طويلة .

وفي الحقيقة ، فإن التدخين السلبي منتشر في مجتمعاتنا بسبب العادات والسلوكيات الخاطئة التي يمارسها ويقترفها العديد من الأشخاص ممن هم محدودي الثقافة أو التعليم ، مثل : الحرفيين والعمال وغيرهم ، حيث يمارسون تلك العادة السيئة أثناء تأدية عملهم دون مراعاة للأشخاص من حولهم ، حيث يكون هؤلاء الأشخاص مجبرين على ذلك لقضاء حاجاتهم وإنجاز أعمالهم . ويكون الأثر السيئ أشد وأعمق إذا وقع هذا السلوك من الأشخاص الذين يفترض فيهم السلوك السليم وكونهم القدوة والمثل ، مثل الأب والأم والمعلم وغيرهم . وقد أظهرت الدراسات أن نسبة النيكوتين وأول أوكسيد الكربون والبنزوبيرين في الدخان الذي ينبعث من السيجارة وينتشر بالحجرة تزيد على نسبتها في الدخان الذي يستنسقة المدخن [الذي يدخن] مباشرة . ومن هنا يتضح حجم الضرر الذي يتعرض له غير المدخنين الموجودين بالحجرة المتواجد بها مدخن. وفي دراسة ثبت أن نسبة النيكوتين موجودة في الدم لدى الأطفال ، إذا كان أبواهم من المدخنين ، بدرجة مساوية لنسبة النيكوتين في دم الأشخاص

المدخنين .

وفي دراسة أخرى أجريت في نيويورك على [663] شخصا من غير المدخنين ، وجد أن [60%] منهم يحتوى البول عندهم على نسبة من مادة النيكوتين السام ، وذلك بسبب وجودهم وملازمتهم لأشخاص يدخنون . كذلك ، وجد أن الأطفال الذين يدخن أحد والديهم معرضون أكثر من غيرهم للإصابة بالنزلات الشعبية بمقدار [44] مرة أكثر من الأطفال الذين لا يدخن آباؤهم وأمهاتهم . كما وجد الباحثون أنه في حالة عدم تدخين الآباء والأمهات ، فإن [30%] فقط من الأطفال الرضع يعانون من أعراض المغص . أما إذا كان أحد الوالدين مدخنا ، فإن نسبة الإصابة بالمغص ترتفع لتصل إلى حوالي [90%] .

وقد أجريت دراسة بمعهد الدراسات العليا للطفولة بجامعة عين شمس [1] ، أثبتت أن تعرض الأطفال لدخان السجائر يؤثر على معدل الذكاء للبنين والبنات على السواء . كما يزداد معدل الأطفال المصابين بالتأخر العقلي لدى الآباء والأمهات المدخنين عنه لدى أطفال الآباء والأمهات غير المدخنين . كما أكدت هذه الدراسة ، التى أجريت على [600] من تلاميذ المدارس وتم فحصهم ، وجود علاقة بين دخان السيجارة وحدوث الاضطرابات النفسية والعصبية والجسمية عند الأطفال . فقد ثبت أن دخان السجائر يؤثر على النمو الجسمي للأطفال ، خاصة بالنسبة للطول ومحيط الرأس ، كما ارتفعت نسبة الإصابة بأمراض الجهاز التنفسى ، والتهاب اللوزتين في الأطفال لآباء وأمهات مدخنين عنها في أطفال غير المدخنين . كذلك ، ثبت ازدياد عدد

---

(1) دراسة للباحثة عالية جابر تحت إشراف الدكتورة / سميحة عبدالمنعم، عن تأثير التدخين على ذكاء الطفل.

الأطفال المصابين بالتأخر في التعليم والانتباه والتوافق الحسي ـ الحركي لـدى أطفال المدخنين عنها في أطفال غير المدخنين .

وفي دراسة أخرى ، أجريت على أطفال تـتراوح أعمارهـم مـن [7-11] سـنة والذين كانت أمهاتهم تدخن أثناء فترة الحمل ، وضح أنهم أقصر ـ طـولا عـن الأطفال الآخرين بنسبة [1] سم ، وأنهم متخلفون بنسبة [4] أشهر عـن الأطفال الآخرين الـذين لم تدخن أمهاتهم خلال فـترة الحمـل . وأوصت هـذه الدراسـة بضرورة اتخاذ إجراءات صارمة وحازمة لمنع تعرض الأطفال لـدخان السـجائر ، وأن تكون المعلومات المرتبطة بتأثير التدخين جزءا أساسيا مـن مقـرر الصـحة العامـة الذي يجب تدريسه في بداية المراحل التعليمية .

وفي الحقيقة ، فإن الأشخاص الذين يتعرضون للتدخين السلبي تصيبهم نفس الأمراض التي تصيب المدخنين أنفسهم ، كما يعانون مـن نفـس المشاكل الصحية التي يعاني منها المدخنين .

اكتشاف التدخين السلبي :

وقد اكتشفت خطورة التدخين السلبي بالصدفة عام 1950م ، عندما كان أحد الأطباء يعالج طفل يعاني من أزمات ربوية ، فقد لاحظ الطبيب أن الطفل تتحسن حالته أحيانا وتسوء أحيانا أخرى . وبدأ الطبيب في دراسة ملاحظة الظروف التي يعيش فيها هـذا الطفـل إلى أن اكتشـف الطبيب أن والـد الطفل [مدخن] ، وأن الطفل تتحسن حالته في حالة ابتعاد الأب عـن المنـزل ، وتسـوء عنـد عـودة الأب . وقد كان هذا هو بداية الخيط الـذي يـربط بـين غير المدخنين وتأثرهم بـدخان السجائر من حولهم ، وهو ما أطلق عليه [التدخين السلبي] .

وبدأت المراكز البحثية في دراسة هذا الموضوع حتى تبينت الأضرار الخطيرة التي يسببها التدخين السلبي . بعـد ذلك بدأت جهـات وهيئات عديدة بإجراء

البحوث والدراسات والإحصائيات الخاصة بهذا الموضوع .

وطبقا للدراسات التي قامت بها الوكالة الأمريكية لحماية البيئة والخاصة بتعرض الإنسان لملوثات الهواء بالأماكن المغلقة ، فقد وجد أن ملوثات الهواء بالأماكن المغلقة أكثر من نسبتها في الأماكن المفتوحة ، وأن الشخص يقضى ـ[90%] من وقته داخل الأماكن المغلقة ، وهذا يمثل خطورة صحية . لهذا ، تهتم الوكالة الأمريكية لحماية البيئة بإجراء مزيد من الدراسات للتعرف أكثر على ملوثات الهواء في هذه الأماكن وكيفية تلافى أضرارها .

ويعتبر دخان التبغ وما يحتويه من مواد كيميائية ضارة أكثر ملوثات الهواء في الأماكن المغلقة .

التدخين ... و تلوث البيئة :

إن التدخين ـ بوجه عام ـ يعد إحدى الممارسات الخاطئة التي يمارسها عديد من الناس . ويكفى أن ممارسة عادة التدخين تسبب تلوث هواء المنزل الذي ننشد فيه الراحة ، أو هواء المكتب أو المكان الذي نمارس فيه عملنا اليومي ، أو في أثناء انتقالنا واستخدامنا لإحدى وسائل النقل العام . فهل هناك أكثر خطورة على الإنسان من هواء تلك الأمكنة المغلقة التي ـ غالبا ـ ما تكون مفعمة بدخان السجائر ، حيث يكون ذلك الدخان سديميا [شبه ضبابي] . إنه دخان التبغ الخطير وتأثيراته الخطيرة على صحتنا لما يحتوية من مواد سامة نستنشق جزءا منها عند قيام المدخنين بنفث دخان سجائرهم في الهواء ، كما يستنشق المدخن نفسه جزءا منها في أثناء ممارسة عادة التدخين .

وكيفما كانت طريقة استهلاك التبغ ، فهو ضار بالصحة ، سواء تم تدخين التبغ عبر لفافات [السجائر أو السيجار] ، أو باستخدام الغليون [البايب] أو من خلال النارجيلة [الشيشة] ، أو من خلال استنشاقه [على هيئة نشوق] أو

مضغه . وإذا كان [النشوق أو المضغ] لا يلوث الجو المحيط بالمستهلك ، غير أنه يؤثر على الصحة بتسببه للعديد من الأمراض ، مثل : سرطان الفم ، وتلف الأسنان . ويعد التبغ الدخاني ، أخطر ما يلوث بيئتنا المغلقة ، بسبب السلوكيات والممارسات التي يقدم عليها جمهور المدخنين . ويعود الأذى والضرر الذي يسببه دخان التبغ إلى احتوائه على ما لا يقل عن [19] مادة سامة ، أهمها : النيكوتين وأول أوكسيد الكربون ، والقطران بأنواعه .

وليس تدخين السيجار أو الغليون أو [الشيشة] بأقل خطرا من السيجارة بل أنه أكثر تأثيرا على صحة الإنسان لاحتوائة على قطران ونيكوتين أكثر مما يحتوية تبغ السجائر . كما أن الدخان المنبعث من السيجار أو الغليون أكثر كثافة، وبالتالي فهو أشد خطرا على غير المدخنين[1] .

ولو كان تبغ السيجارة أو السيجار أو الغليون يضر مدخنه فقط لهان الأمر، ولكن الخطر أكبر وأعم من الفرد المدخن ، لأن الدخان المنطلق من سجائر المدخنين ومن أنوفهم وأفواههم ، ينتشر في الجو المحيط ، الأمر الذي يجعل غير المدخنين يستنشقون هواءا ملوثا بالمواد التي انطلقت عبر دخان السجائر، خاصة وأن بعض مدخني السجائر ينفثون دخان سجائرهم من أفواههم بطريقة موجهه بشكل لا إرادي إلى وجوه الآخرين القريبين منهم . إن مثل هذا النوع من التدخين الذي لا خيار للمرء [غير المدخن] فيه المعروف بالتدخين السلبي، والمتمثل في استنشاق الهواء الملوث بدخان التبغ الصادر من أناس يدخنون ، لا يبدو واضحا ومؤثرا سوى في الأماكن المغلقة ، كالمكاتب والمنازل ووسائل النقل والمقاهي .

---

(1) د. علي حسن موسى - التلوث الجوي - دار الفكر - دمشق - سوريا - 1990م.

وبالإضافة إلى الآثار المباشرة للتدخين السلبي لما يتعرض له جليس المدخنين من تهيج في العينين والأنف والحنجرة ، فإن هناك آثارا غير مباشرة أشد خطرا لا تظهر عاجلا ، من أهمها : الأمراض السرطانية ، خاصة سرطان الرئة . فقد ظهر أن معدل الإصابة بسرطان الرئة عند النساء المتزوجات من أزواج مدخنين أعلى منه عند النساء المتزوجات من أزواج غير مدخنين .

وإذا علمنا أن عدد المدخنين في العالم يزيد على ثلث عدد سكانه ، وأن متوسط استهلاك الفرد المدخن لا يقل عن عشرة سجائر يوميا ، لأدركنا عندئذ كم هي كمية الدخان المنطلقة والناتجة عن تدخين السجائر ، وكم هو حجم الخطر على غير المدخنين . فكم هي خطيرة تلك الأجواء الملوثة بدخان السجائر ، وما يشابهها . ومن السلوكيات والممارسات الخاطئة ، ما يقوم به بعض المدخنين من التجمع في مكان مغلق ، حيث يتبادلون جميعا تدخين نفس [الشيشة] ، مما يسهل نقل العدوى بينهم بالأمراض المعدية الخطيرة كالسل الرئوى وغيره .

ومن الممارسات الخاطئة أيضا ، لجوء بعض المدخنين إلى إضافة أنواع من المواد المخدرة إلى التبغ في السجائر أو إلى [المعسل] في الجوزة والشيشة .

وهناك نمط أخر من التدخين القسرى وهو تدخين الأم الحامل التي تنقل سموم دخان سيجارتها من خلال دمها إلى جنينها ، أو عبر حليب ثدييها إلى وليدها الصغير .

******

الفصل الثالث
مضار التدخين

التدخين.. وأضراره :

ثبت علميا مضار التدخين على الصحة العامة , حيث تبين أن الدخان يحتوي على [2%] من وزنه نيكوتين ؛ وهى مادة قاتلة , وأقوى في فعلها وتأثيرها من الزرنيخ . وفى الحقيقة فإن الاستمرار والمداومة على عادة التدخين يحدث التسمم المزمن , مما يؤثر بالتالي على المخ والأعصاب , وينتج عن ذلك عادة الإدمان.

وقد ثبتت العلاقة الوثيقة بين التدخين وسرطان الرئة . فتذكر الإحصائيات أن نسبة الإصابة بسرطان الرئة بين المدخنين تبلغ عشرة أضعاف الإصابة عند غير المدخنين . هذا فضلا عن تأثير التدخين على المعدة والكبد وغيرهما من أجهزة الجسم المختلفة . كما يسبب التدخين ضعفا لأعصاب العين , و اختلالا في النظر وقوة الإبصار.

وينشأ عن التدخين زيادة نسبة السكر في الدم , ويتبع ذلك بطبيعة الحال نقص في كمية السكر المختزن في الكبد والعضلات . كما ينشأ عن التدخين ضعف عام للشهية , وهذا يؤدي بدوره إلى الضعف العام للجسم.

والتدخين ـ في نظر أساتذة الطب ـ يؤثر على المعدة , فيجعلها تكثر من إفراز حمض الهيدروكلوريك , الذي تسبب زيادته حدوث [قرحه المعدة].

كذلك , يتسبب التدخين في زيادة عدد ضربات القلب وتحميله عبئا ثقيلا [لا داعي له] . وقد أمكن إثبات ذلك بجهاز المسجل الكهربائي للقلب.

وسوف نعرض في الصفحات التالية أهم التأثيرات السلبية التي تنجم عن التدخين , وتأثيراتها المرضية على أجهزه الجسم المختلفة :

التدخين .. والسرطان :

تحتوي السيجارة الواحدة على نسبة لا تقل عن [30] ملليجراما من مادة البنزوبيرين , وهذه المادة من أخطر المواد ضررا لأجهزة الجسم إذا وصلت إليها . وتحتوي أيضا على أكثر من [25] ملليجراما من القار [القطران] , الذي يحتوي على مواد عضوية كثيرة . هذا بخلاف المواد المترسبة الاخري التي تعد نواة حقيقية لنمو [أورام] مرض السرطان . وكلما زاد عدد السجائر التي يدخنها الإنسان , وطالت فترة التدخين , كان احتمال إصابته بسرطان الرئة أكبر . وقد دلت الإحصائيات على أن الأشخاص الذين يدخنون أكثر من [40] سيجارة يوميا معرضون للإصابة بسرطان الرئة [20] ضعفا مقارنة بغير المدخنين . كذلك , فإنه يمكن تفادي حوالي [40%] من حالات سرطان الرئة , وذلك بالتوقف عن التدخين.

وتدل الإحصائيات أيضا على أن [95%] من مرضي سرطان الرئة هم من المدخنين أو كانوا يدخنون في وقت ما في الماضي. وتزداد احتمالات الإصابة بسرطان الرئة بنسبة تصل إلى ما بين [10-50%] بين أفراد العائلات التي يدخن فيها كلا الأبوين , عنها في العائلات غير المدخنة .

وقد أكدت الدراسات العلمية على أن التدخين هو المسئول عن [30%] من وفيات مرضي السرطان . وقد يعزي السبب في حدوث السرطان ــ بوجه عام ــ إلى وجود العناصر الإشعاعية في دخان السجائر , مثل: مادة البولونيوم - 210 , ووجود مادة البنزوبيرين .

التدخين وجلطة القلب :

يسبب التدخين انقباض الأوعية الدموية , وينشأ عن ذلك ارتفاع ضغط الدم , وزيادة الجهد الذي يبذله القلب لضخ الدم . فالنيكوتين يساعد على

إفراز مادة [الترسين] من الغدة النخامية , وهذه المادة قابضة للأوعية الدموية , وخاصة شرايين القلب التاجية . وتشير الإحصائيات إلى أن [78%] من المصابين بجلطة القلب هم من المدخنين . كذلك , وجد أن الذين يدخنون [20] سيجارة فأكثر في اليوم معرضون للإصابة بجلطة القلب بمعدل ثلاثة أضعاف غير المدخنين . كما أن نسبة الوفيات تزيد بين المدخنين بنسبة [70%] عنها بين غير المدخنين.

التدخين والدورة الدموية الطرفية :

عندما يقوم الشخص بتدخين أكثر من [20] سيجارة يوميا , فإن قدرة الهيموجلوبين على نقل الأكسجين إلى الأطراف [اليدين والقدمين] تقل . ويمكن أن يفسر ذلك على أنه كما لو كان قد حدث فقدان لخمس [5/1] كمية دم الشخص . وبالتالي فإن هذا الشخص يعانى من نقصان في طاقة الجسم تعادل النقصان الحادث في كمية الدم . وهذا يؤدي في النهاية إلى ضعف الدورة الدموية الطرفية كما قد يؤدى إلى حدوث [غرغرينا] في هذه الأطراف , الأمر ألذي قد يدعو إلى بتر تلك الأطراف.

وقد وجد أن حوالي [11,4%] ممن استمروا في التدخين استدعت حالتهم أجراء بتر للقدم في مدى [5] سنوات .

التدخين والإبصار :

يسبب التدخين ضعفا لأعصاب العين , واختلالا في النظر . ويؤكد أحد الباحثين[1] البارزين أن التدخين يتسبب أيضا في ضيق الشعيرات الدموية الدقيقة بشبكية العين , ويعمل على جفافها وتحجرها مما يهدد بزوال القدرة

(1) هو البروفيسور (جارتز) أستاذ أمراض العيون بجامعة 'مايتس' بألمانيا', من تقرير بحث أجري على [3500] سيدة , ونشرت نتائجه مجلة لانست الطبية البريطانية.

على الإبصار.

التدخين والجهاز التنفسي :

التدخين يساعد على انتشار السعال والبصاق والبلغم والنزلات الشعبية . وبمرور الوقت تتحلل جدران الحويصلات الهوائية , مما يؤدي إلى انتفاخ الرئة [مرض الأمفزيما] , وقصور وهبوط الجهاز التنفسي , وكذلك الذبحة الصدرية.

فالجهاز التنفسي بأجزائه المختلفة هو الضحية الأولى للتدخين . وبسبب ما يحدثه من متاعب يبدأ العد التنازلي لحياة الإنسان بدءا من المعاناة من الأعراض المرضيه المختلفة التي على رأسها سرطان الرئة , و انتهاءا بالوفاة . كما أن الهواء الملوث بالدخان يسهم في الإسراع بنمو سرطان الرئة . كما يتسبب التدخين في حدوث الإصابه بالسل الرئوي والربو الشعبي.

التدخين والجهاز الهضمي :

ينشأ عن التدخين ضعف عام للشهية , فهو يضعف المعدة والأمعاء , ويقلل من الرغبة في الطعام , ويسبب سوء الهضم . وهذا يؤدي بدوره إلى الضعف العام بالجسم . ويحدث الضعف العام والهزال أيضا نتيجة امتصاص ثاني أوكسيد الكربون والنيكوتين والقطران . ويساعد التدخين على تخدير بعض الأجهزة العصبية بالجسم , فلا يشعر المريض بالآلام المنذرة بحدوث خلل ما في أحد أجهزة الجسم , مما يؤخر علاجه , ويتسبب ذلك في إصابة الإنسان بالأذى والضرر .

كذلك , يؤثر التدخين على المعدة , فيجعلها تكثر من إفراز حمض [الهيدروكلوريك] , الذي تسبب زيادته إصابة المعدة بالقرحة [قرحة المعدة] . ولذلك , يطلب الأطباء المعالجون من المصابين بها الإقلاع عن التدخين في الحال . كما يؤثر التدخين على البنكرياس ، ويقلل إفرازه للأنسولين , فيرتفع

معدل السكر في الدم . وهكذا ينشأ عن التدخين مرض السكر [زيادة نسبة السكر في الدم عن المعدل الطبيعي][1] . ويتبع ذلك بطبيعة الحال , نقص في كمية السكر المختزن في الكبد والعضلات . وينشأ عن ذلك تعب المدخن كلما قام بأي مجهود عضلي ولو بسيط.

التدخين والكبد :

يحتوي دخان السجائر على مادة [3, 4 ـ بنزوبيرين] التي تقوم بتنشيط إنزيمات الكبد [المسئولة عن بعض الأدوية وفقدانها لفاعليتها].

لذلك , فإن كثيرا من الأدوية قد تعطى مفعولا أقل عند تعاطيها من قبل الشخص المريض . وقد يقل أثر بعض هذه الأدوية بنسبة تصل إلى [70%] في الأشخاص المدخنين.

التدخين والعظام :

لقد أثبتت الأبحاث والدراسات المختلفة وجود علاقة وثيقة بين التدخين وسرعة التئام كسور العظام , فالتدخين يبطئ من سرعة التئامها.

فلقد وجد أن مرضى كسور العظام من المدخنين أكثر عرضة من غيرهم لحدوث مضاعفات . كما وجد أنهم يحتاجون لفترات أطول حتى تلتحم عظامهم [المكسورة] مرة أخري.

التدخين وخصوبة الرجل :

أثبتت البحوث الطبية أن التدخين يقلل من عدد الحيوانات المنوية عند الرجال . وتوصلت دراسة تم إجراؤها على [20] شابا بالغا يدخنون [20] سيجارة يوميا إلى أن ذلك يؤدي إلى تشجيع شذوذ الجينات في الحيوانات المنوية

---

(1) نسبة السكر في الشخص الطبيعي هي (80 ـ 110) مللجم.

وتحويرها , وهو ما يؤثر على خصوبة الرجـل , ويتسبب فـي إصابتـه بالعقم.

التدخين وخصوبة المرأة :

أوضح تقرير علمي أن نسبة خصوبة المدخنات تقـل مقارنة بالقيـاس إلى غـير المدخنات.كما تبين أن التدخين الشديد يجعل الحمل أكثر صعوبة بين المدخنات.

التدخين والفم والأسنان :

التدخين .. وباء خطير, يؤثر على الإنسان وشكله وهيئته. والفم يعد مـن أهـم مناطق الجسم التي تتطلب النظافة والرائحة الطيبة . والتدخين ـ و بكل أسف ـ يترك بصمته على تلك المنطقة الهامة , فهو يؤدي إلى تغير لون الأسنان بـين هـؤلاء الأشخاص المـدخنين . كـما أنـه يـؤثر عـلى اللثـة , ممـا يتسبب فـي التعجيل بفقد الأسنان في سن مبكرة . ناهيك , عن الأمراض المختلفة التي تصيب الحلق واللسان والشفتين , مثل : القرحة أو السرطان.

التدخين والمخ :

التدخين يزيد من فرصة حدوث جلطه المخ بـين المـدخنين , حيـث إن مـدخني السجائر والجوزة يستنشقون نسبه من غاز أول أوكسيد الكربون ؛ نتيجـة إشـتعال السجائر والجوزة , مما يغير من طبيعة هيموجلوبين الـدم , ويعوقه ويمنعه مـن الإتحاد مع الأكسجين . وبذلك ينتج عنه نقـص في كميـة الأكسجين التي تصـل إلى الأجزاء الحيوية بالمخ . كما أن التدخين يؤدي إلى حدوث تليف فيه . ويؤكد بعض الباحثين أنه ينتج في أثناء احتراق السيجارة مادة [الأكرولين] , وهي ماده ذات آثار ضاره على المراكز العصبية في المخ . وينشأ عن ذلك الخفقان والرعشـة التـي يعـاني منها عدد كبير من المدخنين .

التدخين والكليتان :

هناك عرض آخر مرضي قد أشارت إليه تقارير البحوث العلمية , مؤداه :

أن التدخين يقلل كمية البول التي تفرزها [الكلية] ويفسر ذلك : بأن التدخين يسبب انقباض شرايين الكلية , مما يؤثر على عملها في استخلاص البول وإفرازه.

التدخين والأنف و الأذن و الحنجرة[1] :

أشارت بعض البحوث إلى أن بعض السجائر والسيجار والغليون والشيشة تـؤثر على الأنف , وبالذات الخلايا ذات الأهداب المتحركة في الغشاء المخاطي للأنـف [2]. وقد دلت التجارب والبحوث على حدوث انكماش في أهداب هذه الخلايـا وقصـور في أداء وظيفتها نتيجة للتدخين , مما يعرض المدخن للإصابه بأمراض الحساسـية في الأنف والتهاب الجيوب الأنفيه المتكرر .

ومن ناحية أخرى , أشـارت كـل التقـارير الطبيـة إلى إصـابة أطفـال المـدخنين بالتهابات متكررة في الأذن , مما يؤثر على حدة السمع , نتيجـة تعرضـهم المسـتمر لدخان السجائر . ولم يصل العلماء إلى تفسير قاطع لهذه الظاهرة . ولكن الاحـتمال الأقوى : هو أن دخان السجائر يزيد من إفرازات الأذن فتتجمـع وتـتراكم داخلهـا , مما يشجع نمو الميكروبات وحدوث الالتهابات . وتؤدى هذه الالتهابات إلى شـعور الطفل بآلام في الأذن مصحوبة بارتفاع في درجه الحرارة , والأرق أثناء النـوم لـيلا , والقيء المتكرر في بعض الحالات .

أما عن أثر التدخيـن على الحنجرة والأحبال الصوتيـة , فهـو أثـر مباشر ؛ وخاصة في المدخن الشره الذي يستنشق الدخان بعمق , حيث يعتريه ذلـك التغـر في نبرات الصوت والخشونة اللذين يسهل ملاحظتهما في المدخنين

---

(1) د. حسن حسني ـ رحلة مع السيجارة ـ مركز الأهرام للترجمة و النشر ـ 1992م .

(2) من المعروف أن هذه الخلايا تقوم بتنقية هواء الشهيق من ذرات الأتربة والأجسام العالقة بـالجو المحـيط , كـما أنها تعادل من درجة حرارة الهواء الذي يتنفسه الإنسان .

عموما . وفي حالة التهاب الحنجرة بالذات ينبغي الامتناع عن التدخين فـورا , وإلا تعرض المريض لـ [بحة] في الصوت , وطالت به أعراض الالتهاب , وزادت حدتها من [حرقه] في الزور وسعال وبلغم , وحدوث ضيق في التنفس . والتدخين يلعب دورا رئيسيا في حدوث سرطان الحنجرة . فقد وجد أن [95%] مـن حالات سرطان الحنجرة في المدخنين سببها المباشر هو التدخين. فمن المعروف أن التدخين يحدث في خلايا الغشاء المخاطي للأحبال الصوتية بـالحنجرة نفس الأثر الـذي يحدثه في الشعب الهوائية .

التدخين يؤدي إلى الوفاة :

أظهرت الدراسة التي أجراها الباحث [رايمونـد بيـرل] في عام 1938م عـلى [6813] رجلا أبيض , أن معدل الوفاة للفئة العمرية [30 ـــ 50] سنة كانت بالنسبة لجميع الأسباب أعلى مرتين بين المدخنين عنها بين غير المدخنين.

كما أظهرت دراسات أخرى أن احتمال الوفاة يزداد مع زيادة عدد السجائر , حيث كانت نسبة معدلات الوفاة بين الرجال الذين يدخنون باعتدال تتراوح بين 3:2 إلى 1:10 مقارنة بالرجال غير المدخنين بكثرة .

وتعد الدراسة التي أجريت على [6000] طبيب بريطاني من أقوى الأدلة التي تربط بين التدخين والموت , حيث مات الأطباء المدخنون بشكل مبكر مقارنة بغير المدخنين . كما أن الأطباء الذين أقلعوا عن التدخين , عاشوا تقريبا طبيعيين بقية العمر . وفي عام 1974م تسبب سرطان الرئة نتيجـة التدخيـن في وفاة [37500] شخصا في إنجلترا . وفي عام 1989م أعلن بالولايات المتحدة الأمريكيـة أن نسبة الوفاة بين المدخنين بسبب سرطان الرئة تصل إلى [90%] بين الرجـال , بينمـا تصل إلى [80%] بين السيدات .

والتدخين يعتبر المسئول عن وفاة [30%] من مرضى السرطان بأمريكا ؛

أي أكثر من [155] ألف شخص سنويا .

التدخين والربو الشعبى :

يعد مرض الربو الشعبى من الأمراض المنتشرة في بلدان أمتنا العربية , وإن كان كثيرا من سكان العالم يعانون من أعراضه و تأثيراته السلبية .

وتتمثل أعراض مرض الربو الشعبي في شكوى متكررة من ضيق في التنفس [صعوبة عمليتي الشهيق والزفير] , وذلك نتيجة ضيق في الشعب الهوائية . ويصاحب ذلك شكوى المريض من سعال [كحة] متكرر , مع المعاناة من وجود [البلغم] اللزج , الذي يعاني المريض في عملية إخراجه ؛ نتيجة التصاقه بجدار الشعب الهوائية . وفي حالات كثيرة , يصاحب ذلك الشكوى من حساسية بالأنف , والميل لحك الجلد [الهرش].

ويعد دخان السجائر أحد العوامل المهمة في الإصابة بمرض الربو الشعبي , فهو يسبب انقباض الشعب الهوائية مما يتسبب في ضيقها . ويعاني مرضى الربو الشعبي من [أزمات ربوية حادة] تنتابهم إذا تعرضوا لدخان السجائر . ولذلك , ينصح الأطباء المعالجون مرضى الربو الشعبي بضرورة الإقلاع عن التدخين وعدم مخالطة المدخنين . ومن الأعراض التي تصاحب حدوث ضيق في الشعب الهوائية [صفير] أثناء التنفس في صدر المريض مع حدوث عمليتي الشهيق والزفير . وقد ثبت حديثا , أن التدخين يتسبب في ضعف جهاز المناعة في الغشاء المخاطي المبطن للشعب الهوائية , مما يساعد على ترسيب المواد المثيرة للشعب التي تسبب الربو .

التدخين ونقص الوزن :

لوحظ أن وزن الشخص المدخن يزداد بعد إقلاعه عن التدخين نتيجة لتحسن شهيته وإقباله على تناول الطعام . هذا , بالإضافة إلى ما يستهلكه الشخص المدخن من السعرات الحرارية العالية , والتي تسبب نقصان وزنه .

وزيادة الوزن لا يمكن النظر إليها على أنها ضرر يسببه الإقلاع عن التدخين , ولكنها نتيجة صحية إيجابية للتحسن الملحوظ الذي يطرأ على شهية المدخن .

ولكن , يفضل أن يراقب الشخص وزنه باستمرار , ويمارس نشاطا رياضيا حتى يحتفظ بالوزن الأمثل له ثابتا .

التدخين والجهاز العصبي :

يرجع التأثير الضار للتدخين على الجهاز العصبي إلى النيكوتين الموجود بدخان السجائر , فهو يؤثر على كل من الجهاز العصبي المركزى والجهاز العصبي اللاإرادي . فعندما يحصل المدخن على كمية كبيرة من النيكوتين , فإن ذلك يؤدى إلى حدوث رعشة وتشنجات عصبية . كما أنه يؤثر على العقد العصبية ونهاية الأعصاب في العضلات .

وقد يسبب النيكوتين شللا في عضلات التنفس والحجاب الحاجز , كما يؤثر النيكوتين على مركز القئ في المخ ويعمل على تنشيطه مسببا الغثيان والقئ . والتدخين هو الطريق السريع الذي يؤدى إلى تناول وإدمان المخدرات التي لها تأثير ضار ومباشر على الجهاز العصبي , كما يضعف جهاز المناعة , وبعده يصبح المدخن عرضة للإصابة بأي فيروس . وبالتالي يصبح جسده مرتع للأمراض الخطيرة والفتاكة , والتي غالبا ما تودى بحياته في نهاية الأمر .

التدخين وعمر الإنسان :

لقد أكدت كافة الدراسات على أن التدخين يقصر ـ عمر الإنسان , وهناك العديد من الإحصاءات العالمية الدالة على ذلك , ومنها :

ـ وجد أن نسبة الوفيات بين المدخنين أكثر من غيرهم , وإن حوالي [2,5] مليون نسمة يموتون سنويا في العالم بسبب التدخين . وهذا الرقم يوازى نصف عدد الوفيات في العالم تقريبا .

ـ أثبتت الأبحاث والدراسات العلمية أن التدخين هو المسئول عن نحو [8 ـ10%] من حالات الوفيات بين الرجال .

ـ متوسط عمر الشباب الذين يدخنون علبتين من السجائر أو أكثر في اليوم ينقص [8] سنوات .

ـ أثبتت الأبحاث الطبية أن [25%] من المتوفين بأمراض القلب يكون سبب الوفاة لديهم هو التدخين .

ـ أثبتت الأبحاث الطبية أن التدخين هو المسئول عن [8 ـ10%] من الوفيات بين الرجال .

ـ وجد أن معدل الوفيات فيمن يدخنون [10] سجائر يوميا , يزيد [25%] عن نظيره في غير المدخنين.

ـ أعلنت كلية الأطباء الملكية بلندن أن تدخين سيجارة واحدة يقصر من عمر الإنسان حوالي [14] دقيقة و [14] ثانية .

وحذرت دراسة أجرتها [مارى مشاو] من أن تدخين علبة كاملة من السجائر تقصر عمر المدخن بمقدار [3] ساعات و[40] دقيقة . وقالت أنها أضافت ـ عند الحساب ـ الوقت الذي سوف يحرم المدخن من قضائه في الاستمتاع بمتع الحياة الأخرى بسبب انشغاله في التدخين . وأشارت الباحثة إلى أن أسلوب الحساب القديم لم يكن يضع في اعتباره فقدان المتعة في الحياة .

ولذلك , فإنه قدر خسارة الشخص المدخن بمقدار [5] دقائق فقط من عمره لكل سيجارة يدخنها .

التدخين ووفاة الرضع :

يتسبب إفراط الأم في التدخين أثناء فترات الحمل في زيادة احتمالات الوفاة الفجائية للرضع . كما أشار الباحثون إلى التغيرات التي تحدث في وظيفة الجهاز التنفسي عند الجنين لأم مدخنة , والتي تجعله معرضا عقب خروجه إلى الحياة للإصابة بأمراض الربو و الحساسية الصدرية . كما أثبتت دراسة أخرى أن دخان السجائر يسبب هشاشة في عظام الأم والطفل , حيث يعانى الطفل الذي يصاب بهذه الحالة من نمو أقل عن المعدل الطبيعي .

تأثير التدخين على الأنف :

أشارت بعض البحوث إلى أن دخان السجائر والسيجار والبايب والشيشة يؤثر على الأنف , وبالذات الخلايا ذات الأهداب المتحركة في الغشاء المخاطي بالأنف . ومن المعروف أن هذه الخلايا تقوم بتنقية هواء الشهيق من ذرات التراب والأجسام العالقة , كما أنها تعادل من درجة حرارة الهواء الذي يتنفسه الإنسان , حتى يدخل الهواء إلى الرئتين والصدر في درجة حرارة مناسبة لدرجة حرارة الجسم [37°م] . وعندما تصاب هذة الخلايا يصاب المدخن بالحساسية في الأنف , كما تلتهب الجيوب الأنفية . ومن المعروف أن التهاب الجيوب الأنفية المتكرر يعد من الأمراض المزمنة .

التدخين والحمل والرضاعة :

أثبتت الدراسات أن الجنين في فترة الحمل يستنشق ما بين [30 ـ60%]

من نواتج تدخين السيجارة إذا كانت الأم مدخنة . وأشارت بعض البحوث إلى أن التدخين يحدث الإجهاض في النساء بنسبة [22,5%] بين الحوامل المدخنات[1] .

وهذه النسبة تقابل نسبة إجهاض قدرها [4, 7%] بين النساء الحوامل من غير المدخنات .

كما أثبتت إحدى الإحصائيات في إفريقيا أن حوالي [40%] من السيدات يعانين من الأنيميا بسبب التدخين , وذلك لأن التدخين يقلل من قدرة الهيموجلوبين على حمل الأكسجين , وبالتالي يؤثر على عمليات التمثيل الغذائي . والأم الحامل التي تدخن معرضة لاحتمال حدوث فتق بعضلات البطن أو سقوط الرحم بعد الولادة . وقد يحدث التدخين بعض الأمراض الخلقية والتشوهات في الجنين , حيث إن التلوث يؤثر على المادة النووية (D.N.A.) حاملة الصفات الوراثيه ؛ وهى موجودة داخل النواة . فإذا حدث تغيير تكونت الطفرة , وحدث اختلال في وظائف الخلايا , وتكونت الأورام الخبيثة . وهناك دراسة علمية أجراها فريق بحثي من جامعة [ساوث كاليفورنيا] , كشفت عن أن تدخين الحوامل يؤدى لإصابة الأجنة بالإلتهابات الرئوية المزمنة . وقد أوضحت الدراسة أن تدخين السجائر يضر برئتي الجنين في مرحلة حساسة من تطورهما , مما ينعكس على قدرتهما في أداء عملهما بعد الولادة.

التدخين يقلل فرص إنجاب الذكور :

(1) يقف دخان السجائر كحاجز يعوق عملية تخلق هرمونات التكاثر , فيؤثر بصفة خاصة على نوعية جدار الرحم وتدفق الدم . وهما العاملان الأساسيان لتثبيت الحمل . وهذا ما يفسر حالات الإجهاض المفاجئة التي إلى (3) مرات أكثر عند المدخنات مقارنة بغير المدخنات.

ذكـرت دراسـة نشرتها مجلـة [لانسيت] الطبيـة , وأجراها علماء يابانيون ودانماركيـون , أن احتمالات إنجاب طفل ذكر تقـل في حالـة الأزواج الذيـن يدخنون خلال فترات حمل زوجاتهم .

وقالت الدراسة : إن السبب قد يرجع إلى أن الكروموسوم [واى - Y] , الذى يؤدى إلى إنجاب الذكور ربما يكون سريع التأثير بالتدخين أكثر من الكروموسوم [إكـس - X] ؛ الذي يؤدى إلى إنجاب الإناث .

وأكدت الدراسة أن تأثير التدخين في تحديد نوع الجنين ينطبق أيضا عـلى الأم المدخنة , ويؤدى إلى زيادة فرصة إنجابها الإناث .

******

الفصل الرابع
الأبعاد الاقتصادية والاجتماعية
والبيئية للتدخين

أبعاد التدخين :

التدخين ..آفة من الآفات الخطيرة التي تؤثر على خلايا المجتمع مـن الشباب والرجال و النساء , فتدمرهم وتقضى على طموحاتهم ومستقبلهم .

ولا تتوقف أخطار التدخين على المضار التي سبق ذكرهـا , ولكـن تأخـذ أبعـادا أخرى خطيرة منها ماهو اجتماعي وما هو اقتصادي وما هو بيئى.

وسوف نتناول تلك الأبعاد بشئ من التفصيل :

أولا : البعد الاجتماعي :

مما لا شك فيه أن التدخين لعنة تصيب الفـرد , وتـنعكس آثارهـا عـلى الأسرة والمجتمع بطريق مباشر أو غير مباشر .

ويمكن حصر البعد الاجتماعي للتدخين في عدة أمور , أهمها :

1- التدخين والطلاق :

أفادت دراسة حديثة بـأن التـدخين والـزواج لا يلتقيـان . وأكـدت أن البـالغين المدخنين أكثر عرضة للطلاق بحوالى [53%] مقارنة بغير المـدخنين .وأوضح الأطبـاء أن المـدخنين يملكون صفات مزاجيـة حـادة , ويمـرون بتجـارب حياتيـة مختلفـة تجعلهم أكثر عرضة للطلاق من غيرهم .

وفي الحقيقة , فإن نتائج الدراسة وما أشار إليـة الأطبـاء , يتفـق تمامـا مـع مـا نلاحظـه عـلى المـدخنين وتصرفاتهم . فمـن الملاحـظ , أن الشخص المـدخن يكون عصبي المزاج , ومتوتر , ومرتبك . كما أنه يعـاني مـن رعشه في يديه , و تلعثم نسبى في الكلام , كما أنه يكون متردد وغير قادر على اتخاذ القرار السليـم في

الوقت المناسب . وهى صفات تجعل الشخص المدخن لا يحسن التصرف عند اللحظات الحرجة , أو المشكلات المصيرية . فإذا نشأ خلاف بين هذا الشخص المدخن [المدمن] وزوجته بسبب النفقات واحتياجات البيت من مواد تموينية أو غذائية , فتراه يضيق ذرعا بهذا النقاش , وتتغلب عليه عصبيته وتوتره , ويحاول الهروب من الموقف برمته , فتراه يهرب من مواجهة الحقيقة , ويكون المخرج من هذا الوضع هو .. الطلاق .

2- التدخين ونفقات الأسرة :

أثبتت إحدى الدراسات الإحصائية التي أجريت على الأسرة المصرية أن حوالي[7%] من دخل الأسرة المصرية يصرف على التدخين,بينما ينفق نحو[5, 4%] على الألبان ،وتقل نسبة الإنفاق على الفاكهة والسكر و المواد السكرية [الحلويات] لتصل إلى نحو[2,5%] . وتشير الإحصائيات إلى أن متوسط استهلاك الفرد المصري من التبغ وصل إلى [1,7] كيلو جرام سنويا .

وكما هو واضح من الإحصائيات السابقة , فإن عادة ممارسة التدخين وإدمانه تعد أحد مظاهر الإسراف والتبذير الذي تعانى منه الأسرة المصرية . وبسبب هذا السلوك , قد يعجز رب الأسرة عن الوفاء باحتياجات أسرته الضرورية من مأكل ومشرب وملبس , مما يتسبب في حدوث الخلافات الزوجية , والتي غالبا ما تنتهي بالطلاق . والخطير في الأمر , أنه قد يترتب على إدمان رب الأسرة للتدخين أن يتعثر الأبناء في دراستهم نتيجة التقصير في الوفاء باحتياجاتهم, بل قد يضطر الأب في بعض الأحيان إلى إجبار الإبن على ترك الدراسة والمدرسة وأن يلحقه بورشة ليعمل بها, وذلك ليتهرب من الأنفاق عليه , بل ويصبح هذا الطفل نفسه مصدر دخل للأسرة وللأب ينفق من خلاله على مزاجه وعلى إدمانه للتدخين.

3- التدخين والقدوة السيئة :

يحاول الصغار تقليد الكبار ,كما يحاول الأبناء تقليد الآباء . فإذا كان الأب ـ مثلا ـ مدخنا,نجد أن بعض الفتيان ـ وخاصة في مرحلة البلوغ ـ تتولد داخلهم أفكارا عقيمة بأن السيجارة تكمل شخصية الرجل التي تبلورت في ذهنه من خلال مراقبته ومتابعته لأبيه و أحواله, فيشرع في التدخين , ليلبي رغبته الداخلية, فهو لا يشعر بأي إنسجام أو نشوة في البداية , ولكنه التقليد الأعمى , الذي سرعان ما يتحول إلى عادة سيئة وسلوك منحرف لهذا الفتى في فترة من أهم فترات عمره وحياته .

كذلك , يحاول الشاب تقليد نجمه [الفني] المفضل المفتون به الذي يتخذ منه مثلا وهدفا . فيتصور أنة سيتقمص شخصيته لو أمسك السيجارة ووضعها في فمه على طريقة [نجمه] حيث يقلده في طريقة السلام والمشي ـ وهو ممسك بالسيجارة بين أصابعه ,بل وحتى في طريقة وضع السيجارة في [فمه] , وفي سحب [النفس] من السيجارة .

ولذلك , نشير هنا إلي خطورة هذا السلوك الذى يمارسه بطل [الممثل] العمل الفني أثناء أداء دوره للشخصية من خلال تدخينه للسيجارة أو الشيشة بطريقة تبرز الشخصية وتجعل السيجارة أحد عوامل نجاحها وجاذبيتها .

ومما تجدر الإشارة إليه , أنه بالفعل تم التوجيه بعدم ممارسة عادة التدخين أثناء إجراء المقابلات والمحاورات التليفزيونية , وهو ما نتمنى أن يتم تنفيذه في جميع الأعمال الدرامية من تمثيليات وأفلام , لما لها من تأثير مباشر وخطير على الشباب , وخاصة الصغار منهم .

4- التدخين والانحراف :

قد تكون ممارسة التدخين بين صغار السن إحدى بوابات الانحراف , التي

تـزج بالطفـل في عـالم الضيـاع والجريمـة . فالصبي المـدخن شـديد المـراس , يميل للمخاطرة , يسبق أقرانه في النمو , وتظهر عليه علامات الذكورة بوضوح , ويبدو نهبا للصراعات النفسية بدرجة أكبر من زملائه من غير المدخنين .

كذلك , نجد أن طلبة المدارس من المدخنين يكونون أكثر ميلا إلي الانقطاع عن الدراسـة في سـن مبكرة, ويـرون أنفسـهم أقل مـن زملائهـم في مستوى النجاح الدراسي . وهم أكثر عرضة للانحرافات وخروجا عن المألوف من النظم .

ومن المشاهد المألوفة اليوم , أن تـرى بجوار بعض المـدارس مجموعـة مـن التلاميذ يجتمعون على الأرصفة يتبادلون تدخين السجائر , ويتم ذلك أثنـاء اليوم الدراسي وفي الوقت المفترض أن يكون هؤلاء التلاميـذ بين إخوانهم في الفصول .

ويترتب على ذلك تغيب هؤلاء التلاميذ عن الدراسة مما يجعلهم أقل تحصيلا مـن زملائهم , ومما يضعف من مستواهم الدراسي , حيث يترتب على ذلك رسوب تلك الفئة من الطلاب . كما أن ذلك التغيب يعرضهم للفصل مـن الدراسة مما يجعلهـم عرضة للضياع وعدم إكمال دراستهم وتسربهم .

وقد تدفعهم تلك الظروف جميعها فى الدخول إلى عـالم الجريمـة , مـن خـلال محاولتهم وإقدامهم على جريمة السرقة لتوفير المال اللازم لشراء السجائر , أو مـن خلال ما يقع بينهم من مشاجرات أثناء ممارستهم للتدخين .

ثانيا : البعد الاقتصادي

تؤكد الدراسـات والإحصائيات أن التـدخين لـه أثار خطيـرة عـلى الاقتصاد , وبالتالي تنعكس آثاره السلبية على عمليـات التنميـة المنشودة مـن أجـل النهـوض بالمجتمع وتحقيق مستوى أعلى من الرفاهية للفرد والمجتمع .

ويمكن تحديد أهم سلبيات التدخين على الاقتصاد القومي فيما يلي :

1- التأثير على الإنتاج

مما لا شك فيه أن التدخين يؤثر سلبا على الإنتاج , لأن العامل أو الموظف المدخن يتعرض للإصابة بعديد من الأمراض الخطيرة والمزمنة , والتي تؤثر على صحته وعلى قدرته على القيام بعمله على أحسن وجه . مما ينعكس على إتقانه لعمله , وبالتالي يضعف إنتاجه ويقل عطائه . فالشخص المريض يكون دائم الانقطاع عن عمله بسبب ضعفه ومرضه ؛ أو بسبب تردده على المستشفيات ودور العلاج .

وبالإضافة إلى ما سبق , فإن هذا العامل أو الموظف المريض يعد عبئا على جهة عمله , بسبب ما يتكلفه علاجه من أموال ونفقات تكون باهظة على المستوى البعيد . لأن الأمراض الناتجة عن التدخين هي أمراض مزمنة يستوجب علاجها فترات طويلة , قد تستمر طوال حياة المدخن . كذلك , فإنه وقبل العلاج , هناك الإشعات المختلفة التي يحتاج إليها الطبيب المعالج لتشخيص الحالة بالضبط حتى يتمكن من وصف العلاج المناسب . هذا , بالإضافة إلى التحاليل المتنوعة التي يجب إجراؤها للمساعدة في تشخيص حالة المريض .

وقد أدركت العديد من المؤسسات والهيئات والشركات حجم الخسائر المادية الناجمة عن التدخين وما يسببه من مشاكل صحية . وفي ضوء ذلك , اتخذت من الإجراءات ما يساعد في الحد من التأثيرات السلبية للتدخين على موظفيها أو العاملين بها .

وسوف نعرض بإيجاز لبعض الإجراءات أو القرارات التي اتخذتها بعض الشركات والمؤسسات , ومنها :

أ . أعلن رئيس مجلس إدارة شركة يابانية لإنتاج السيارات عن جائزة مالية

تعادل [130] دولارا شهريا لمن يقلع عن التدخين من العاملين بالشركة .
وهذه القيمة توازي ما يمكن أن تفقده أو تنفقه الشركة شهريا بسبب وجود عامل
أو موظف مدخن .

ب . منحت إحدى شركات النشر ـ في بريطانيا مكافأة محدودة لمن يـترك
التدخين بجميع أنواعه في أثناء ساعات العمل . وكانت النتيجة أن زادت رواتب
المـوظفين حـوالي [4] آلاف جنيـة إسترليني . ولكن هـذه الزيادة في الرواتب
[المصروفات] , رافقها زيادة الكفاية والإنتاج , وانخفـاض في نسبة الغياب بسبب
الأمراض التي تكثر عند المدخنين .

ج . هناك بعض الشركات أصبحت تحظر تعيين الشاب المدخن حتى وإن
كانت في حاجة إليه . وذلك لأن الدراسات والأبحاث التي تجرى في معامل البحوث
في العالم أصبحت تؤكد حقيقة مهمة , وهي أن الشخص المدخن على المدى الطويل
أقل إنتاجا من غير المدخن وأكثر إضرارا بمكان العمل . فصحة الشخص المدخن أقل
تحملا , كـما أن أجازاتـه المرضية ؛ و خاصـة عندما يتقدم في السـن تكون أكـثر ,
وتصبح فاتورة علاجه مرهقة بالنسبة للشركة . ولـذلك , أصبح الاحتياط واجبا ,
وهو عدم تعيين المدخن وتوفير المصاريف الكبيرة التي تتحملها الشركة نتيجـة
أجازاته المرضية ونفقات علاجه .

د . حذت بعض الشركات المصرية حذوا رائعا , عندما قـررت منـع التـدخين في
المكاتب أثناء فترات العمل الرسمية . وليس هناك أقذر من المكان الذي يقف فيه
المدخن عندما تمنعه شركته أو صاحب العمل من التدخين في مكتبه , مما يضطره
إلى اللجوء إلى دورة المياه أو يقف في طرقـة أو ممـر أو عـلى بـاب الشركة يتسـول
دخان السيجارة التي يشعلها في نهم . وهو لا يدري أن صورته تصبح كريهة جدا
في عيون الذين يمرون عليه أو يشاهدونه في هذا الموقف .

كذلك , فإن مصيبة المدخن أن الأضرار الناجمة عن تدخينه للسجائر لا تقتصر- عليه , فهو بطريق مباشر أو غير مباشر يضر- بصحة زملائه غير المدخنين الذين يتعرضون لدخان سجائره , ويبتلعون ـ مرغمين ـ سمومها .

فمن هي الشركة المجنونة التي تدرك كل هذه المخاطر , وتجازف بتعيين الشخص المدخن , وإدراجه بين موظفيها وعمالها ؟!!

2- التكلفة الاقتصادية :

ينفق الناس ملايين الدولارات على تدخين السجائر سنويا . فإذا نظرنا إلى استهلاك السجائر والإقبال على تدخينها في مصر نجد أنها في زيادة مستمرة على الرغم من ارتفاع مستوى الوعي الصحي والبيئي لدى المواطنين . فقد بلغت مبيعات السجائر في مصر عام 1980م حوالي [34192] طنا من التبغ . وبمقارنة تقديرات المبيعات في عام 1979م والتي بلغت حوالي [30895] طن , نجد أنه حدث ارتفاع في استهلاك التبغ بنحو [10%] سنويا ؛ وهى نسبة كبيرة جدا .

وفي تقرير لمنظمة الصحة العالمية نشرته مجلة البيئة في يونيه 1999م , بمناسبة اليوم العالمي للامتناع عن التدخين [31 مايو] تبين أن استهلاك السوق المصرية من السجائر قد بلغ حوالي [40] مليون سيجارة سنويا .

وهذا يعنى احتراق [22] مليون جنية يوميا , وبمعنى آخر احتراق حوالي [660] مليون جنية شهريا أو حوالي [8] مليار جنيه سنويا .

ويمكن أن نتخيل النتائج الاقتصادية الهائلة التي يمكن أن تعود على الوطن وجميع المواطنين فيه إذا ما وجه هذا المبلغ كل عام للاستثمار في إقامة المشروعات الكبرى الصناعية والزراعية والاجتماعية وغيرها , وما توفره من فرص عمل للشباب , والتي نحن في حاجة ماسة إليها حيث يتطلب الأمر في

مصر ـ توفير حوالي نصف مليون فرصة عمل سنويا للشباب مـن خريجي الجامعات والمعاهد .

3- استهلاك الوقت :

يعد الوقت الضائع الـذي يستهلكه الشخص المدخن ؛ أحـد الأبعـاد الاقتصادية لقضية التدخين . فنجـد أن الشخص المـدخن ينشـغل تمامـا بإشعال سيجارته ثم إمساكها بين أصابعه , مما يعوق قيامة بأي عمل آخر أثنـاء التـدخين للسيجارة .

ويستهلك الشخص الذي يدخن [40] سيجارة يوميا حوالي [4] ساعات شهريا . و هو وقت كبير جدا إذا ما قورن بمتوسط ساعات العمل اليوميـة التي يؤديهـا العمال في بعض الدول العربية والذي يصل إلى نحو [20] دقيقة في اليوم الواحد .

4- التأثير على التحصيل العلمي :

دلت الإحصائيات بأن درجات النجاح في الاختبارات عند غير المـدخنين تفوق بنسبة [9, 3 ـ 21%] من درجـات زملائهـم مـن المـدخنين , بـالرغم مـن أن درجـة تفوقهم بالاجتهاد ضئيلة جدا , مما يدل على أن التفاوت الكبير في نسبة النجاح لا يعود أصلا إلى الاجتهاد بل إلى انحطاط القوى الذهنية عند المدخنين [1].

5- صغار السن والتدخين :

أوضحت الإحصائيات والدراسات التي أجريت في جامعتي القاهرة والأزهـر عام 1988م تحت عنوان [التدخين في مصر ـ دراسة علميـة] , أن التدخـين ينتشـر بين الرجـال أكثر من السيدات . وتصل نسبة المدخنـين إلى

---

(1) د. أمين رويحة ـ شباب في الشيخوخة ـ ص357.

[56%] لمن تتراوح أعمارهم بين [20ـ40] عاما , ونسبة [68%] لمن تتراوح أعمارهم بين [40 ـ 60] عاما , وتصل إلى نحو [9, 64%] لمن هم أكثر من [60] عاما . وهى نسب مرتفعة جدا وخطيرة إذا ما أخذنا في الاعتبار كل الأضرار الصحية والنفسية والاجتماعية التي تصيب المدخنين .

وقد بينت الإحصائية التي قام بها الجهاز المركزي للتعبئة والإحصاء بالتعاون مع معهد الأورام القومي بجامعة القاهرة في يونيو 1998م , أن أكثر الفئات المهنية تدخينا هم رجال التعليم , حيث وجد أن نسبة المدخنين بين المعلمين تصل إلى [45%] ، يليهم الأطباء , حيث بلغت نسبة المدخنين بينهم [42%].

وأكدت الدراسات الإحصائية لوزارة الصحة المصرية أن عدد المدخنين في مصر- وصل إلى [6] ملايين مواطن تقريبا , من بينهم [439] ألف طفل أقل من [15] عاما , و [74] ألف طفل صغير دون العاشرة .

ثالثا : البعد البيئي :

يعد التدخين أحد مصادر التلوث البيئي , وبخاصة الهواء الجوى في عصرنا الحديث . والأخطر من ذلك أن هناك أضرارا أخرى مباشرة وغير مباشرة تصيب البيئة بسبب ممارسة الناس لعادة التدخين . فالتلوث والملوثات الناجمة عن التدخين تحدث تغيرات على الصفات الطبيعية أو الكيميائية أو البيولوجيه للإطار البيئي , مما يؤثر على الإنسان وصحته وما يكون لديه من مقتنيات ثقافية وحضارية , كما أنه يؤثر على بقية الكائنات الأخرى الحيوانية والنباتية الموجودة في البيئة بوجه عام . وفي الحقيقة , فإن التدخين يؤثر على البيئة تأثيرا سلبيا من خلال عدة محاور , أهمها :

1- تلوث البيئة :

الدخان الناتج عن التدخين [تدخين السجائر , والشيشة , والبايب والسيجار] له دور كبير في تلويث البيئة . فالدخان الناتج عن التدخين ما هو إلا مزيج من السموم والمواد الضارة الخطيرة التي تدخل إلى الهواء الجوي وتلوثه , وتصل من خلاله إلى أنوف الناس وصدورهم , وتسبب لهم الأمراض والمشاكل الصحية العديدة الخطيرة .

وقد أعلنت منظمة الأغذية والزراعة [الفاو] إن استهلاك السجائر في عام 1990م قد بلغ ما يزيد عن [5300] بليون سيجارة بزيادة قدرها [100] بليون سيجارة عن العام السابق . ويتوقع أن يزداد الاستهلاك العالمي من السجائر بنسبة 20% أو تزيد سنويا.

ولك ـ عزيزي القارئ ـ أن تتخيل حجم الدخان الناتج عن اشتعال هذا العدد الرهيب من السجائر , وكذلك حجم الملوثات الصادرة والتي تلوث الهواء والبيئة .

2- حدوث الحرائق :

يتسبب التدخين في نشوب العديد من الحرائق التي ينتج عنها حدوث خسائر فادحة في الأرواح والماديات . ويؤكد الخبراء أن إهمال أعقاب لفافات السجائر يسبب حرائق كثيرة في البيوت والمعامل كل عام , وإن نسبة الوفيات من حوادث الحريق أعلى بين المدخنين منها بين غير المدخنين .

ففي إنجلترا , أظهرت الإحصاءات أنه من بين إجمالي حوادث الوفاة الناتجة عن الحرائق سنويا , توجد [250] حادثة يكون السبب فيها هو التدخين .

كذلك , تتسبب الحرائق الناتجة عن التدخين بالولايات المتحدة الأمريكية في أكثر من [25] ألف حالة وفاة سنويا .

فمن السلوكيات والممارسات الخاطئه التي يمارسها عديد من المدخنين ، أن يقوم الشخص المدخن بإلقاء [عقب] سيجارته وهو مشتعل , دون مراعاة للمكان الذي يلقيه فيه . مما يتسبب عنه اشتعال النيران في المكان , وخاصة إذا كان هذا المكان توجد به مواد قابلة أو سريعة الاشتعال . وغالبا ما يقوم المدخن بإلقاء عقب سيجارته وهو في حالة من عدم التركيز أو الانتباه .

ولذلك , يجب على الشخص وإن كان لابد وأن يدخن , فلا أقل من أن يطفأ [عقب] سيجارته قبل أن يتخلص منه , وأن يتأكد من ذلك تماما , وأن يلقيه في مكان آمن .

3- التأثير على الأراضي المزروعة :

يأخذ التدخين بعد بيئي جديد من خلال تأثيره على مساحة الأراضي الزراعية . ففي تقرير لمنظمة الأغذية والزراعة [الفاو] , أن حوالي [4,5] مليون هكتار من الأراضي الزراعية في العالم تزرع بأشجار التبغ , مما يشكل عبئا كبيرا على الاقتصاد العالمي في الوقت الذي تعاني فيه كثير من الدول , وخاصة النامية منها – تناقص في الرقعة الزراعية , مما يتسبب في المعاناة من نقص الغذاء , والتي تشكل أحد أهم الصعوبات والتحديات التي تتعرض لها الدول الفقيرة .

******

القسم الثاني
المخدرات و إدمانها و أضرارها

الفصل الخامس
مقدمة عن المخدرات

تاريخ المخدرات :

بدأ استخدام المواد المخدرة منذ أعماق التاريخ ويعود إلى حوالي [5] ألاف سنة ، فمنذ العصور القديمة قام الناس بزراعة النباتات المخدرة لأغراض مختلفة . ولكن في العصر القريب بدأ استخدام النباتات المخدرة طبيا [في المجال الطبى] ، خاصة في الغرب حيث كانت توصف عن طريق الأطباء للمرضى ، مثل: الأفيون ، كعلاج . وربما كان جهل الأطباء - في ذلك الوقت - بمخاطر إدمان هذه المواد , جعلهم يستخدمونها على نطاق واسع حتى دخلت في معظم العلاجات . ومما يذكر في هذا الشأن ، أنه أثناء الحرب الأهلية في أمريكا كان المورفين يستخدم في علاج إصابات الجنود ، مما أدى إلى إدمان عدد كبير من الجنود لهذا المخدر . ولذلك ، سمي هذا المخدر باسم [مرض الجندي].

كذلك ، وفي عام 1898م أنتجت شركة ألمانية مادة [الهيروين] على اعتبار أنها أقل ضررا من المورفين . ولكن تبين بعد ذلك أن إدمانها يكون أكثر خطورة من إدمان المورفين .

ولكن وبكل أسف ، حينما أدرك الأطباء والأشخاص والهيئات خطورة الإدمان وأضراره الصحية والنفسية ، كانت المخدرات قد انتشرت بشكل واسع جدا . ومما تجدر الإشارة إليه أن منظمة الصحة العالمية استخدمت تعبير المواد النفسية بدلا من المخدرات ، لأن الأخير يشمل المواد المحظورة ومواد أخرى علمية غير محظورة أو خطرة .

المخدرات و الحضارة القديمة :

عرف الإنسان المواد المخدرة منذ أزمنة بعيدة . وقد وجدت آثار تدل على

معرفة القدماء المصريين بها ، حيث وجدت نقوش على جدران المعابد كما وجدت رسومات وكتابات على أوراق البردي تشير إلى بعض أنواع المخدرات , وكيفية استخدامها .

كذلك ، نقش الإغريق صورا لنبات [الخشخاش] على جدران المقابر والمعابد ، مما يدل على معرفتهم بهذا النبات المخدر . وقد اختلف المدلول الرمزي لهذه النقوش حسب الآلهة التي تمسك بها ، فهي في يد الإله [هير] تعنى الأمومة ، وفي يد الإلة [ديميتر] تعنى خصوبة الأرض ، بينما في يد الإله [بلوتو] تعنى الموت أو النوم الأبدى .

ومما يذكر ، أن هناك كثير من الحضارات تناولت المخدرات من خلال الأساطير على أنها هبات جاءت من الآله . فالهندوس كانوا يعتقدون أن إلها من آلهتهم هو الإله [شيفا] هو الذي يأتي بنبات القنب من المحيط ثم تستخرج منه باقي الآلهة ما وصفوه بـ [الرحيق الإلهى] ويقصدون به [الحشيش].

أما قبائل الإنديز ، فقد انتشرت بينهم أسطورة تقول : أن إمرأة نزلت من السماء لتخفف آلام الناس ، وتجلب لهم نوما لذيذا ، وتحولت بفضل القوة الإلهية إلى شجرة [الكوكا].

تواريخ أشهر المواد المخدرة :

سوف نتناول بإيجاز أشهر المواد المخدرة ، وأول الشعوب التي عرفتها وانتشرت من خلالها إلى الشعوب والدول الأخرى .

ومن أهم المواد المخدرة ما يأتي :

1- الكحوليات :

تعتبر الكحوليات من أقدم الأنواع المعروفة من المخدرات عبر التاريخ .

وكان الصينيون أول من عرف عمليات التخمير الطبيعية ، فصنعوا خمورا

من الأرز والشعير . ومما يذكر أن النبيذ المصنوع من العنب قد انتقل إليهم من الشعوب الغربية سنة [200] قبل الميلاد .

2- الحشيش :

عرفت الشعوب القديمة الحشيش ، وصنعوا منه الحبال والأقمشة . وفي عام [2737] قبل الميلاد ، اكتشف الصينيون التأثير المخدر لنبات الحشيش ، وأطلقوا عليه في ذلك الوقت اسم [واهب السعادة].

ومما تجدر الإشارة إليه ، أن العالم الإسلامى عرف نبات الحشيش كمخدر في القرن الحادي عشر .

3- الأفيون :

كان أول من اكتشف نبات الأفيون هم سكان وسط آسيا في الألف السابعة [عام 7000] قبل الميلاد ، ثم انتشر من خلالهم إلى باقي أنحاء العالم ، حيث عرفه العرب في القرن الثامن الميلادي .

ونذكر هنا أن عددا كبيرا من الصينيين قد أدمن ذلك النبات المخدر ، مما دفع شركة إنجليزية إلى إغراق السوق الصينى بذلك المخدر . وقد أدى ذلك إلى نشوب حرب بين الصين وانجلترا عرفت باسم [حرب الأفيون] ، وقد انهزمت الصين في هذه الحرب .

4- المورفين :

هو أحد مشتقات الأفيون . فقد استطاع العالم الألمانى [سير تبرز] فى عام 1806م من فصلهما ، والحصول على المورفين .

5- الهيروين :

يعد الهيروين أحد مشتقات المورفين الأشد خطورة . وقد تم اكتشافة طبيا فى عام 1898م . ولكن – وبكل أسف – أسئ استخدامه وأدمنه كثير من

الناس . لذلك أدرج ضمـن المواد المخـدرة فائقـة الخطورة تداولـها ، وذلك لأضراره الخطيرة على الإنسان صحيا ونفسيا .

6- الكوكايين :

كانت شعوب أمريكا اللاتينية أول من عرفت هذا المخدر ، وكان ذلك قبل أكثر من ألفى عام ، ثم انتشر منها إلى باقي أنحاء العالم .

7- الامفيتامينات :

وتم تحضيرها لأول مرة فى عام 1887م ، ولكنها لم تستخدم طبيبا إلا فى عـام 1930م . ومما يذكر أن اليابانيين أول من استخدمها كمخدرات ، ولكنهم نجحوا فى القضاء على مشكلة إدمان هذه المواد الخطيرة.

إحصائيات .... عن إدمان المخدرات

يعاني من الإدمان على المخدرات على المستوى العالمى أكثر مـن [180] مليـون شخص ، ويتركز معظمهم فى دول اليمن والصومال وأثيوبيا .

وتكلف المواد المخدرة الحكومات والدول أكثر من [120] مليون دولار سنويا . وتظهر تقارير الأمم المتحدة والجهات الرسمية أن انتشار المخدرات   وانتاجها يغطى معظم دول العالم ، حيث سجل انتشارها فى [170] بلدا   وإقليما . وتم عمل دراسة مسحية فى عام 98 / 1999م فى مصر عن سوء استعمال المواد المخدرة والإدمان على الحقن بمادة الهيروين . وتم تطبيق هذه الدراسـة عـلى عينـة بلغت [696] حالة من المراكز العلاجية والمقاهي   والمدارس والمارة بالشوارع ، وكانوا من خمس محافظات مختلفة ، على النحو التالي :-

محافظة القاهرة : 177 حالة   محافظة الغربية : 144 حالة

محافظة الاسماعلية : 140 حالة　　　　محافظة قنا : 125 حالة

محافظة جنوب سيناء : 110 حالة

ولقد لوحظ سوء استخدام البانجو ، وكذلك تناول المشروبات الكحولية . وقد وجد أن الحقن بالهيروين أكثر شيوعا بين شباب المدن الرئيسية الكبرى . وأظهرت الدراسة أن حوالي [17%] استعملوا الحقن لتناول المخدرات ، وأن [33%] اشتركوا فى أدوات الحقن مع الأصدقاء [وهذا أحد أسباب انتشار الأمراض الخطيرة ، كالتهاب الكبد الوبائي]. وأظهرت الدراسة أن حوالي ثلثي المتعاطين للمخدر بالحقن يستخدمون حقن معقمة ، وأن [16%] لا يعقمون أدوات الحقن المستخدمة .

وتشير نتائج البحوث المصرية عن نتائج مسح استطلاعي أجرى على عينة من [50] متعاطي في ريف وحضر مصر إلى أن الدوافع النفسية لتعاطى الحشيش في سن مبكرة كان أغلبها [77%] ، هو مجاراة الأصحاب والحصول على [الفرفشة] . في حين كان الدافع الأقوى لتعاطى [الأفيون] هو الاعتماد عليه في مواجهة العمل الشاق ، في حين كان الدافع الجنسي يشكل [25%] بالنسبة لتعاطى الحشيش ، و[50%] بالنسبة للأفيون ، كان من الفئة التى تسىء استعماله .

ويؤكد البحث نتائج الدراسات المتعلقة بأثر التعاطي على الوظائف العقلية ، حيث تضعف الذاكرة بنسبة تصل إلى [42%] من الحالات تحت تأثير المخدر المباشر . ويزعم [86%] منهم قدرتهم على حل المشكلات التي تواجههم ، ويشهد [75%] من العينة بسرعة انتقالهم من موضوع إلى آخر في الكلام والتفكير . أما عن حياتهم الوجدانية ، فيميل [50%] من العينة إلى الاستكانة ، بينما تنخفض نسبة التحكم عند [41%] منهم .

وقد تبين طبقا لبحث أجرته المملكة المتحدة ، أن انتشار استعمال الحشيش من سن [16-19] سنة قد ارتفع من [18%] في عام 1991م إلى [27%] في عام 1996م . كما ارتفع سن بداية التعاطي من [26%] إلى [35%] في نفس الفترة . كذلك ، فقد ازداد الاستعمال بين سن [18 -59] بنسبة [5%] عام 1991م إلى [9%] في عام 1996م.

******

72

الفصل السادس
أنواع المخدرات

تقسيم المخدرات

لقد كثرت أنواع المخدرات وأشكالها حتى أصبح من الصعب حصرها . وفي الحقيقة ، فإن وجه الخلاف في تصنيف كل تلك الأنواع ينبع من اختلاف زاوية النظر إليها . فبعضها تصنف على أساس تأثيرها ، وبعضها يصنف على أساس طرق إنتاجها . وحتى الآن لا يوجد اتفاق دولي موحد حول تصنيف المخدرات . ولكن وبصفة عامة فإنه يمكن حصر أهم تصنيفات المخدرات فيما يأتي :-

أولا : حسب تأثيرها

تقسم المخدرات حسب تأثيرها إلى الأنواع التالية :

1- المسكرات : وتتمثل في الكحول ، والكلوروفورم ، والبترين .

2- المهلوسات : وتتمثل في الميسكالين ، وفطر الأمانيت ، والبلاذون ، و القنب الهندي .

3- المنومات : وتتمثل في الكلورال والباريبورات ، والسلفونال ، وبروميد البوتاسيوم .

4- مسببات النشوة : وتتمثل في الأفيون ومشتقاته .

ثانيا : حسب طريقة الإنتاج

تقسم المخدرات ، حسب طريقة تصنيعها وإنتاجها إلى الأنواع التالية :

1- مخدرات منتجة من نباتات طبيعية : مثل : الحشيش والقات والأفيون ونبات القنب .

2- مخدرات مصنعة من مخدرات طبيعية: حيث تتعرض المخدرات الطبيعية لعمليات كيميائية تحولها إلى صورة أخرى مثل : المورفين ، والهيروين ، والكوكايين .

3- مخدرات مصنعة مركبة : وهي مخدرات تصنع من عناصر كيميائية ومركبات أخرى ولها التأثير نفسه , مثل : بقية المواد المخدرة المسكنة والمنومة والمهلوسة .

ثالثا : حسب نوع الإدمان

تقسم المخدرات حسب نوع الإدمان , إذا ما كان نفسيا أو عضويا أو كلاهما:

1- مخدرات تسبب إدمانا نفسيا وعضويا : ومن أمثلتها الأفيون ومشتقاته .

2- مخدرات تسبب إدمانا نفسيا فقط : ومن أمثلتها الحشيش وعقاقير الهلوسة .

رابعا : حسب اللون

تقسم المخدرات حسب لونها , إلى :

1- المخدرات البيضاء : ومن أمثلتها , الكوكايين والهيروين والمورفيين .

2- المخدرات السوداء : ومن أمثلتها , الحشيش والأفيون ومشتقاته .

خامسا : حسب التركيب الكيميائى

وهذا التصنيف تتبعه منظمة الصحة العالمية،ويعتمد على الترتيب الكيميائى للعقار [المخدر] وليس على تأثيره. ويضم هذا التصيف ثماني مجموعات هي :

1- الأفيونات	2- الحشيش	3- الكوكا
4- القات	5- الأمفيتامينات	6- البابيورات
7- الفولانيل	8- المثيرات للأخاييل [الكوكايين]	

سادسا : حسب تصنيف منظمة الصحة العالمية

تصنف منظمة الصحة العالمية المواد المخدرة إلى ثلاث مجموعات وهي :

1- مجموعة العقاقير المنبهة :

وتتمثل هذه المجموعة في الكافيين والنيكوتين والكوكايين والامفيتامينات , مثل : البنزدرين ومنتدرين .

2- مجموعة العقاقير المهدئة :

وتشمل هذه المجموعة المورفين والهيروين والأفيون ومجموعة الباربيتيورات وبعض المركبات الصناعية , مثل : الميثاون . وتضم هذه المجموعة كذلك الكحول .

3- مجموعة العقاقير المثيرة للأخاييل [المغيبات] :

ويأتي على رأس هذه المجموعة : القنب الهندي [الذي يستخرج منه الحشيش] و الماريجوانا.

الكحوليات [الخمور]

نشأتها :

تعتبر الكحوليات من أقدم المواد المخدرة التي تعاطاها الإنسان وأوسعها انتشارا ، حيث عرفتها الكثير من الحضارات القديمة . وكانت الصين أسبق المجتمعات إلى معرفة عمليات التخمير الطبيعية لأنواع مختلفة من الأطعمة . فقد صنع الصينيون الخمور من الأرز والبطاطا والقمح والشعير ، كما تعاطوا أنواعا من المشروبات كانوا يطلقون عليها اسم [جيو] ؛ أى : النبيذ . ثم انتقل إليهم نبيذ العنب من العالم الغربي سنة [200] قبل الميلاد تقريبا بعد الاتصالات التي جرت بين الإمبراطوريتين الصينية والرومانية . وقد اقترن تقديم المشروبات الكحولية في الصين القديمة بعدد من المناسبات الاجتماعية , مثل : تقديم الأضاحى للآلهة أو الاحتفال بنصر عسكري .

وتعرف اليونانيون القدماء على الخمور ، وكانوا يشربونها بكثرة . وقد وجد في بعض برديات المصريين القدماء عام [3500] قبل الميلاد أحاديث عن الخمر والإثم الذي يلحق شاربها . والخمر جزء من الحياة اليومية للعديد من المجتمعات ، كما تستخدمه بعض الديانات في احتفالاتها الدينية .

التأثير الصحي و النفسي للخمر :

يبدأ التأثير الفسيولوجي للخمر بعد وصوله إلى الدم في فترة تتراوح ما بين [5-10] دقائق. ويتوقف هذا التأثير على نسبة تركيز مادة [الكحول الايثيلي]. فالبيرة – على سبيل المثال – وهي من أكثر الكحوليات انتشارا تكون نسبة تركيز الكحول الايثيلي [الإيثانول] بها نحو [1-20] . أما الخمور بأنواعها وبخاصة [الويسكى] و [الروم] و [الجن] ، فإن نسبة الإيثانول هي [1-2] ، وبذلك تكون خطورتها أشد .

ويعمل الكحول على تثبيط وظيفة قشرة المخ إذا وصل تركيزه في الدم إلى [0.05%] ، حيث يبدأ إحساس الشارب بتأثير الخمر ونشوتها المزيفة ، وإذا زادت النسبة عن [1و0%] فأكثر ، فإن مراكز الحركة في المخ تتأثر ، ويبدأ معها تراخى الشارب وتلعثمه ، ولا يستطيع السيطرة على نفس . وإذا بلغت نسبة التركيز [2و0%] ، فإنه تسيطر على المخمور انفعالات متضاربة كأن يضحك ويبكى في الوقت نفسه . وإذا وصلت النسبة [0.3%] فلا يستطيع المدمن أن يرى أو يسمع أو يحس ، وتتوقف مراكز الإحساس لديه تماما .   وحينما تصل النسبة بين [0.4 -0.5%] ، فيدخل المدمن في غيبوبة . ويموت شارب الخمر إذاوصلت نسبة تركيز الكحول في الدم ما بين[6و0 – 7و0%]، حيث تصاب مراكز التنفس وحركة القلب بالشلل . ويتوقف ذلك على قدرة الشخص على الاحتمال [الاطاقة] ، وعلى سرعة تناول الكحول ، وعلى حالة

المعدة وقت التناول ؛ وإذا كانت مليئة بالطعام أو فارغة .

والكحوليات [الخمور] عموما تجعل المتعاطي أكثر عدوانية خاصة على النساء والأطفال ، كما تفقده القدرة على التوازن والنطق السليم ، كما أنه لا يستمتع جنسيا . وبعد فترة من التعاطي تدخله في حاله من الهلوسة المصحوبة بالشعور بالاكتئاب ، وربما يؤدى به الحال إلى أن يرتكب جرائم جنسيه دون أن يشعر . وتزداد خطورة الخمور إذا أعطيت مصحوبة بمواد مخدرة كالهيروين أو مع مضادات الكآبة أو مع المهدئات .

تأثيرات الخمر على الجهاز الهضمي :

أ- تأثيرات الخمر على الفم :

يؤدى مرور الخمر في الفم إلى التهاب وتشقق اللسان ، كما تضطرب حاسة الذوق [التذوق] ؛ نتيجة ضمور الحليمات الذوقية . كذلك يجف اللسان وقد يظهر سيلان لعابي [مقرف] . ومع الإدمان تتشكل طلاوة بيضاء على اللسان تعتبر مرحلة سابقة لتطور [سرطان اللسان] . وتؤكد مجلة [ميدسن] [medicin] إن الإدمان كثيرا ما يترافق مع التهاب الغدد النكفية .

ب- تأثيرات الخمر على المريء :

الخمر توسع الأوعية الدموية الوريدية للغشاء المخاطي للمريء ، مما يؤدى لتقرحه وحدوث نزوف خطيرة تؤدى لأن يقيء المدمن دما غزيرا . كما تبين أن [90%] من المصابين بسرطان المريء هم من مدمني الخمر .

جـ- تأثيرات الخمر على المعدة :

يؤثر الخمر على المعدة ، فيحتقن الغشاء المخاطي فيها ، ويزيد إفراز حمض الهيدروكلوريك والببسين ، مما يؤدى لإصابتها بتقرحات ثم حدوث نزيف . وفي حالة الإدمان تصاب المعدة بالتهاب ضموري مزمن يؤدى لإصابة المدمن بسرطان المعدة ؛ الذي يندر جدا أن يصيب شخصا لا يشرب الخمر .

د – تأثيرات الخمر على الأمعاء :

تضطرب الحركة الحيوية للأمعاء عند شاربي الخمر المدمنين ، وتحدث إلتهابات معوية مزمنة وإسهالات متكررة . كما تتولد عندهم غازات كريهة ، و يحدث عسر في الامتصاص المعوى .

هـ - تأثيرات الخمر على الكبد :

للكبد وظائف هامة ؛ فهي المخزن التمويني لكافة المواد الغذائية وهي تعادل السموم ، وتنتج الصفراء .

والكحول سم شديد للخلية الكبدية ، فينشغل الكبد من أجل التخلص من الكحول عن وظائفه الحيوية ، ويحصل فيها تطورات خطيرة نتيجة الإدمان ، كما أن الكحول يحترق ضمن الكبد ليطلق كل [1] جم منه [7] سعرات حرارية تؤدي بالمدمن إلي عزوفه عن الطعام دون أن تعطيه أي فائدة ، مما يعرضه لنقص الوارد الغذائي .

ومن أهم التأثيرات التي تحدث للكبد ما يلي :

- تشحم الكبد : حيث يتشبع الكبد بالشحوم أثناء حرق الكحول ، ويتضخم الكبد ، و يصبح مؤلم .

- التهاب الكبد الكحولى [الغولى] : وهي حالة عارضة تتبع تناول الشارب [المدمن] كمية كبيرة من الخمر . وتتصف هذه الحالة بآلام بطنية وقيىء وحمى وإعياء وحدوث تضخم في الكبد .

- تشمع الكبد : حيث يحدث تخريب واسع في خلايا الكبد ، وتتليف أنسجته , ويصغر حجمه ويقسو , ويصبح عاجزا عن القيام بوظائفه .

وبصفة عامة يشكو المصاب [المدمن] من ألم في منطقة الكبد ، ونقص في الشهية ، وتراجع في الوزن مع غثيان وقيىء ، ثم يصاب باليرقان . وقد يختلط بالتهاب الدماغ الكحولي [الغولى] ، ويصاب بالسبات أو النزف من المريء .

وكلاهما يمكن أن يكون مميتا .

و - تأثيرات الخمر على القلب :

يصاب مدمن الخمر بعدد من الاضطرابات الخطيرة والمميتة التي تصيب القلب منها :

- إعتلال العضلة القلبية الغولى [الكحولي]: حيث يسترخى القلب ، ويصاب الإنسان بضيق في النفس ، وإعياء عام . ويضطرب نظام القلب ويتضخم الكبد مع انتفاخ في القدمين . وينتهي المريض بالموت إذا لم يرتدع عن شرب الخمر.

- داء الشرايين الإكليلية : الكحول [الغول] يؤدى إلى تصلب وتضيق في شرايين القلب ، وحدوث مظاهر " ذبحة صدرية " .

- قد يزيد الضغط الدموى نتيجة الإدمان . - اضطراب نظم القلب .

ر - تأثيرات الخمر على الجهاز العصبي :

تعتبر الخلايا العصبية أكثر عرضة لتأثيرات الغول السمية . وللكحول تأثيرات فورية على الدماغ ، بعضها عابر وبعضها غير قابل للتراجع .

ويؤكد دكتور [براتر] وزملاؤه أن تناول كأس واحد أو كأسين من الخمر قد يسبب موتا في بعض خلايا الدماغ . وهنا نفهم الإعجاز النبوي في قوله صلى اللـه علية و سلم : [ما أسكر كثيره ، فقليله حرام] . وقد يشكو المدمن من الصداع والتهيج العصبي ، وقد تنتهي بالغيبوبة الكاملة . كما أن الأعصاب كلها معرضه للإصابة بما يسمى [إعتلال الأعصاب الغولى العديد أو المفرد] ، أما الأذى الدماغي فيمكن أن يتجلى بداء الصرع المتأخر الذي يظهر عند بعض المدمنين على هيئة نوبات من الإغماء والتشنج والتقلص الشديد .

ز - تأثيرات الخمر على الوظائف الجنسية :

أ- بالنسبة للرجل :

الكحول يؤذى الخلايا المنتشرة ويتلفها مؤديا إلى ضمور في الخصيتين .

وقبل هذا يمكن ظهور نطف [جمع نطفة] مشوهة يمكن أن تؤدى إلى أجنة مشوهة . وعلى الرغم من ازدياد الرغبة الجنسية في المراحل الأولى من الشرب، لكن القدرة على الجماع تتناقص عند المدمن حتى العنانة الكاملة.

ب - بالنسبة للمرأه :

الكحول يؤذى الخلايا المنتشرة عند المرأة ، مؤديا إلى ضرر في المبيضين ، يؤثر علي عملية التبويض ، وبالتالي حدوث الحمل . كذلك تضطرب الدورة الطمثية لدي المرأة المدمنة ، وتصل إلي سن اليأس قبل غيرها بعشرة سنوات .

الحشيش [القنب]

نشأة الحشيش :

القنب كلمة لاتينية معناها ضوضاء ، وقد سمي الحشيش بهذا الاسم لأن متعاطيه يحدث ضوضاء بعد وصول المادة المخدرة إلي ذروة مفعولها . ومن المادة الفعالة في نبات القنب يصنع الحشيش . ويري بعض الباحثين أن كلمة [حشيش] مشتقة من الكلمة العبرية [شيش] ؛ التي تعني الفرح ؛ إنطلاقا مما يشعر به المتعاطي من نشوة وفرح عند تعاطيه الحشيش .

وقد عرفت الشعوب القديمة نبات القنب واستخدمته في أغراض متعددة ، فصنعت من أليافه الحبال وأنواعا من الأقمشة . ومن أوائل الشعوب التي عرفته واستخدمته الشعب الصيني . فقد عرفه الإمبراطور "شن ننج" عام [2737] قبل الميلاد ، وأطلق عليه حينها "واهب السعادة" . كما أطلق عليه الهندوس اسم "مخفف الأحزان" . وفي القرن السابع قبل الميلاد استعمله الآشوريون في حفلاتهم الدينية وسموه [نبتة كونوبو] ، ومن هذه الكلمة اشتق العالم النباتي [ليناوس – 1753م] كلمة [كنابيس] .

وفى العصر الحديث ، عرفت أوروبا الحشيش في القرن السابع عشر عن طريق حركة الاستشراق التي ركزت في كتاباتها على الهند وفارس والعالم العربي . ونقل [نابليون بونابرت] وجنوده بعد فشل حملتهم على مصر في القرن التاسع عشر هذا المخدر إلى أوروبا . وكانت معرفة الولايات المتحدة الأمريكية به في بدايات القرن العشرين ، حيث نقله إليها العمال المكسيكيون الذين وفدوا إلى العمل داخلها . أما العالم الاسلامى فقد عرف الحشيش في القرن الحادي عشر الميلادي ، حيث استعمله قائد القرامطة فى آسيا الوسطى [حسن بن صباح] ، وكان يقدمه مكافأة لأفراد مجموعته البارزين . وقد عرف منذ ذلك الوقت باسم [الحشيش] ، وعرفت هذه الفرقة باسم [الحشاشين] .

أشكال الحشيش :

الحشيش نبات خشن الملمس ، له جذور عمودية وسيقان مجوفة ، وأوراق مشرشرة مدببة الأطراف . وهو أحادى الجنس ؛ أي يوجد نبات ذكر وآخر أنثى . وتتميز الأنثى عن الذكر بكونها أكثر فروعا وأفتح لونا ، كما أن زهرة الأنثى معتدله مورقة ، بينما تكون زهرة الذكر ذابلة رخوة .

ويأخذ الحشيش شكل المساحيق ، وقد يحول إلى مادة صلبة مضغوطة ومجزأة إلى عدة قطع ملفوفة في ورق [السوليفان] لها لون بنى غامق . أو ربما تحول إلى مادة سائلة غامقة اللون تحتوى على درجة تركيز عالية . ويتم تعاطيه عن طريق التدخين في السجائر أو في النارجيلة ، وأحيانا يحرق داخل كوب ويستنشق المتعاطي البخار المتصاعد .

طرق تعاطى الحشيش :

تختلف طرق تعاطى الحشيش من شخص لآخر ، ومن بلد لبلد ، وتنحصر طرق استخدامه فيما يلي :

1- عن طريق التدخين :

حيث يتم تقطيع أوراق الحشيش وخلطها بالتبغ ، حيث يلف المزيج في السيجارة أو يتم اضافته إلى تبغ الشيشة . وتنتشر هذه الطريقة في مصر .

2- عن طريق الشرب :

وفي هذه الطريقة ، يتم تقطيع أوراق الحشيش وقممه الزهرية ، ثم نقعها في الماء وإذابتها ، حيث يتم تناوله كمشروب . وتنتشر هذه الطريقة في الهند .

3- عن طريق الأكل :

وفي هذه الطريقة ، يتم تقطيع الحشيش وخلطه مع مواد دهنية أو بالتوابل ، ثم يقطع على هيئة قطع الشيكولاتة ، حيث يؤكل مع بعض الأطعمه .

4- عن طريق الشم

حيث تحرق أوراق الحشيش داخل كوب ، ويستنشق البخار المتصاعد عنها.

الآثار السلبية للحشيش :

يؤثر الحشيش في الجهاز العصبي المركزي ، إلا أن هذا التأثير يختلف من مدمن إلى آخر بحسب قوته البدنية والعقلية . وعموما يمكن إيجاز الآثار الفسيولوجية والنفسية للحشيش على النحو التالي :

أ- الآثار الفسيولوجية للحشيش :

تحدث هذه الآثار بعد ساعة تقريبا من تعاطى المخدر . وتنحصر فيما يلي :

- ارتعاشات عضلية	- زيادة في ضربات القلب
- سرعة في النبض	- دوخة ودوار
- شعور بسخونة الرأس	- برودة في اليدين والقدمين
- شعور بضغط وانقباض في الصدر	- إتساع العينين
- تقلص عضلي	- إحمرار واحتقان في العينين

- جفاف في الفم والحلق - قيء في بعض الحالات
- عدم التوازن الحركى - إصفرار فى الوجه

ب – الآثار النفسية :

تشمل الآثار النفسية التي يتعرض لها مدمن الحشيش ما يلي :

- تظهر على المتعاطي أعراض الاضطراب في الإدراك الحسي ويتمثل في تحريف الإدراك البصري .
- إضطراب الشعور بالزمن والمسافات .
- تضخيم الذات
- ضعف التذكر.

جـ - الآثار الصحية على المدى الطويل :

تتمثل هذه الآثار في الضعف العام والهزال ، وضعف مقاومة الجسم للأمراض ، والصداع المستمر ، وأمراض مزمنة في الجهاز التنفسي ، مثل : الربو وإلتهاب الشعب الهوائية ، وتصل تلك الأعراض إلى حد الإصابة بالسل.

وبالنسبة للجهاز الهضمي تظهر أعراض الإمساك تارة والإسهال تارة أخرى ؛ وذلك بسبب تأثر الأغشية المخاطبة للمعدة .

الأفيون [الخشخاش]

نشأة الأفيون :

أول من اكتشف الخشخاش [الأفيون] هم سكان وسط آسيا ، وذلك في الألف السابعة قبل الميلاد ، ومنها انطلق وانتشر في مناطق العالم المختلفة . وقد عرفه المصريون القدماء في الألف الرابعة قبل الميلاد ، وكانوا يستخدمونه علاجا للأوجاع . وعرفه السومريون والبابليون والفرس .

كما استخدمه الصينيون والهنود ، ثم انتقل إلى اليونان والرومان ، ولكنهم

أساءوا استعماله فأدمنوه ، وأوصى حكمائهم بمنع استعمالة . وفي الهند عرف نبات [الخشخاش] الأفيون منذ القرن السادس الميلادي ، وظلت الهند تستخدمه في تبادلاتها التجارية المحدودة مع الصين ، إلى أن أحتكرت شركة الهند الشرقية التي تسيطر عليها انجلترا في أوائل القرن التاسع عشر تجارته في أسواق الصين .

وقد قاومت الصين إغراق أسواقها بهذا المخدر ، فاندلعت بينها وبين إنجلترا حربا عرفت باسم "حرب الأفيون" [1839-1842] انتهت بهزيمة الصين وتوقيع معاهدة [نانكين] عام 1843م ، التي استولت فيها بريطانيا على [هونج كونج] ، وفتحت الموانى الصينية أمام البضائع الغربية بضرائب بلغ حدها الأقصى 5% .

واستطاعت الولايات المتحدة الأمريكية الدخول إلى الأسواق الصينية ومنافسة شركة الهند الشرقية في تلك الحرب , فوقعت اتفاقية مماثلة عام 1844م. وكان من نتائج تلك المعاهدات الإنتشار الواسع للأفيون في الصين ، فوصل عدد المدمنين بها في عام 1906 إلى [15] مليون وفي عام 1920م ، قدر المدمنين بـ 25% من مجموع الذكور في المدن الصينية . واستمرت معاناة الصين من ذلك النبات المخدر حتى عام 1950م ، عندما أعلنت حكومة [ماو تسى تونج]" بدء برنامج فعال للقضاء على تعاطيه وتنظيم تداوله .

وعرف العرب الأفيون منذ القرن الثامن الميلادي ، وقد وصفه [ابن سينا] لعلاج إلتهاب غشاء الرئة الذي كان يسمى وقتذاك [داء ذات الجنب] ، كما استخدمه لعلاج بعض أنواع المغص ، وقد ذكره [داود الأنطاكى] في تذكرته المعروفة باسم [تذكرة أولى الألباب والجامع للعجب العجاب] تحت اسم [الخشخاش] .

الأفيون ونبات الخشخاش:

يعتبر الأفيون من أكثر المهبطات الطبيعية شهرة ، حيث يحتوى على أكثر من [35] مركب كيميائى ، أهمها : المورفين والكودايين .

ويستخرج الأفيون من العصارة اللبنية لنبات الخشخاش الذى يزرع وسط مزارع القمح والشعير . وقد ينمو تلقائيا كما هو الحال فى الدول الواقعة فى شمال البحر الأبيض المتوسط . ويعد الأفيون من أخطر أنواع المخدرات المعروفة والمتداولة .

طرق تعاطى الأفيون :

أ- فى المجال الطبي :

يستخدم الأفيون فى المجال الطبي لتخفيف الألم . وهو يستعمل على شكل محاليل تؤخذ – فى الغالب – فى العضل ، حتى لا يتعرض المريض لإدمانها كما يستعمل على شكل أقراص تتناول عن طريق الفم .

ب- فى مجال التعاطي:

أما التعاطي غير الطبي ، فيؤخذ عن طريق التدخين ، كما هو شائع فى الهند و إيران . كما يؤخذ عن طريق البلع بالماء ؛ وقد يعقبه تناول كوب من الشاي. وأحيانا يلجأ المدمن إلى غلى المخدر ، وإضافة قليل من السكر إليه ثم يشربه .

ويتعاطاه البعض كمستحلب ، حيث يوضع تحت اللسان ؛ وتطول فترة امتصاصه . وقد يؤكل مخلوطا مع بعض الحلويات . وقد يتم تعاطيه بواسطة الحقن أو يشرب مذابا فى كوب من الشاي أو القهوة .

الآثار السلبية للأفيون:

يؤدى تعاطى الأفيون إلى إصابة مدمنيه بالعديد من الأعراض . ويربط الأطباء بين تعاطى الأفيون وإدمانه والانحرافات السلوكية كالسرقة والشذوذ الجنسي .

ويمكن إيجاز الآثار السلبية للأفيون فيما يلي :

أ- تأثيره على الجهاز العصبي:

عند تشريح جثث مدمني الأفيون ، وجدت آثار تدل على تأثيره على الجهاز العصبي متمثلة في احتقان المخ ، وقلة نشاطه ، وتعرضه للنزف .

ب- الآثار الفسيولوجية:

وتتمثل هذه الآثار ، فيما يلي :

* الرغبة في النوم والنعاس.   * إرتخاء الجفون ونقص حركتها.

* حكة بالجسد.   * إصفرار الوجه.

* إزدياد العرق.   * إحتقان العينين والحدقة.

* اضطراب العادات الشهرية عند النساء.

* الشعور بالغثيان.

* إنخفاض كمية السائل المنوي لدى الرجال.

* الإصابة بمرض الزهري نتيجة استخدام [إبر] حقن ملوثة.

جـ - الآثار الصحية :

يصاحب تعاطى الأفيون وادمانه إبطاء حركة التنفس ، وتقليل معدل النبض القلبي ، وتليف بعض خلايا الكبد ، وتقليل حركة المعدة ؛ مما يتسبب في الإصابة بالإمساك المزمن .

د- الآثار النفسية :

في البداية يشعر المتعاطي بالسعادة الوهمية ، والتخفف من الأعباء والخلو الذهني. ويشعر المدمن أن لديه قدرة أكبر على العمل . كما يشعر المدمن بعد الانقطاع عن المخدر [الانسحاب] بالقلق والاكتئاب بعد عشر ساعات تقريبا . كما يبدأ شعوره بالخوف من الألم الذى سيصيبه فى حالة الانسحاب ، وبالفعل يبدأ شعوره بالبرد والقشعريرة والعرق الغزير من الإفرازات الدمعية والأنفية

والأرق . وتستمر هذه الأعراض – في بعض الحالات – لمدة ثلاثة أيام ، وقد يصاحبها حدوث الوفاة .

القـــــات

نشأة القات :

القات هو أوراق شجرة معمرة يتراوح ارتفاعها ما بين متر إلى مترين ، ويزرع في اليمن ، والقرن الافريقي ، وأفغانستان ، وأواسط آسيا .

وقد اختلف الباحثون في تحديد أول منطقة ظهرت بها هذه الشجرة ، فبينما يرى البعض أن أول ظهور لها كان في تركستان وأفغانستان ، يرى البعض الآخر أن الموطن الأصلي لها يرجع إلى الحبشة .

كذلك عرفته اليمن والحبشة في القرن الرابع عشر الميلادي ، حيث أشار المقريزي [1364-1442] إلى وجود [شجرة لا تثمر فواكه في أرض الحبشة تسمى بـ "القات" ، حيث يقوم السكان بمضغ أوراقها الخضراء الصغيرة التي تنشط وتذكر الإنسان بما هو منسي ، كما تضعف الشهية والنوم] .

وقد انتشرت عادة مضغ "القات" في اليمن والصومال ، وتعمقت في المجتمع وارتبطت بعادات اجتماعية , خاصة في الأفراح والمآتم وتمضية أوقات الفراغ ، مما يجعل من مكافحتها مهمة صعبة .

وكان أول وصف علمي لنبات [القات] جاء على يد العالم السويدي [بير فور سكال] في عام 1763م.

كيفية تعاطي القات:

القات هو عبارة عن نبات أخضر ، تنتشر زراعته وإدمانه في منطقة القرن الإفريقي والسودان واليمن . والمادة الفعالة فيه هي الكاثين [Cathine] ،

ويتم تعاطيه عن طريق مضغ أوراقه ، حيث تخزن في فم المدمن ساعات طويلة يتم خلالها امتصاص عصارتها . ويتخلل هذه العملية بين الحين والآخر شرب الماء أو المياه الغازية وشرب السجائر أو النارجيلة [الشيشة] .

الآثار السلبية للقات :

القات من المنشطات الطبيعية . فبعد أن يمضغه المتعاطي يشعر في البداية بنوع من النشاط ، ثم بعد فترة من المضغ تصيبه حالة من الفتور والكسل .

وبمجرد مضغ القات يشعر المتعاطي بالرضا والسعادة ، وينسى الأخبار المؤلمة كما ينسى مشاكله ، إلى حد أنه ينسى الشعور بالجوع . ثم بعد عدة ساعات من التعاطي ينتاب المدمن شعور بالخمول والكسل الذهني والبدني ، كما أنه يعاني من اضطرا بات في الهضم . كذلك يعاني من التهابات في المعدة ، ونوبات من الإمساك وارتفاع في ضغط الدم .

كذلك يعاني المدمن من الإضطرابات النفسية المتمثلة في الأرق والإحساس بالضعف العام والخمول الذهني والتقلب المزاجي والاكتئاب .

الكوكايين

نشأة الكوكايين :

عرف نبات [الكوكا] الذي يستخرج منه الكوكايين في أمريكا الجنوبية منذ أكثر من ألفي عام ، وينتشر استعماله لدى هنود [الأنكا] .

ولقد تمكن العالم [ألفردنيمان] في عام 1860م من عزل المادة الفعالة في نبات الكوكا . ومنذ ذلك الحين زاد انتشاره على نطاق عالمي ، وبدأ استعماله في صناعة الأدوية ؛ نظرا لتأثيره المنشط على الجهاز العصبي المركزي . ولذا استخدم بكثرة في صناعة المشروبات الترويحية ؛ وبخاصة الكوكاكولا ، ولكنه

استبعد من تركيبها في عام 1903م .

وقد روجت له بقوة شركات الأدوية ، وكثرت الدعايات التي كانت تؤكد على أن تأثيره لايزيد على القهوة والشاي . ومن أشهر الأطباء الذين روجوا لهذا النبات الطبيب الصيدلي الفرنسي "أنجلو ماريان" , واستخدمته شركات صناعة الأدوية في تحضير أكثر من [15] منتجا من منتجاتها .

وانعكس التاريخ الطويل لزارعة [الكوكا] في أمريكا اللاتينية على طرق مكافحته ، فأصبحت هناك إمبراطوريات ضخمة تنتشر في ألبيرو وكولومبيا والبرازيل لتهريبه إلى دول العالم المختلفة . وتمثل السوق الأمريكية أكبر مستهلك لهذا المخدر في العالم .

استخراج الكوكايين :

كما ذكرنا سابقا ، فإن الكوكايين يستخرج من نبات [الكوكا] الذي ينمو في أمريكا الجنوبية ؛ وخاصة في جبال الإنديز وبيرو وكولومبيا والهند وإندونيسيا . وتحتاج زراعته إلى درجات مرتفعة من الحرارة والرطوبة .

وفي أمريكا الجنوبية ، ينزع المتعاطون للكوكايين العصب المركزي لنبات الكوكا ويمضغون أوراقه . ويزداد استخدامه بين الطبقات العاملة لأنه يعطيهم إحساسا بالقوة ويزيل الشعور بالتعب والجوع .

ويستخرج من نبات [الكوكا] مادة شديدة السمية هشة الملمس بيضاء اللون إذا كانت نقية ؛ وهي التي أطلق عليها اسم [الكوكايين] .

طرق تعاطي الكوكايين :

يؤخذ الكوكايين بطرق متعددة تتشابه إلى حد كبير مع الحشيش . فهناك من يتعاطاه عن طريق التدخين ، أو عن طريق البلع ، أو عن طريق الأكل مع بعض الأطعمة والمشروبات ، أو عن طريق الاستحلاب تحت اللسان .

وهناك من يتعاطاه عن طريق الشم ؛ وذلك بحرق أوراقه في كوب – مثلا –
وشم رائحة الدخان المنبعثة . كذلك يتم تعاطيه عن طريق الحقن . كما أن هناك
فئة تتعاطاه عن طريق المضغ .

الآثار السلبية للكوكايين :

مما لا شك فيه أن تعاطى [الكوكايين] وإدمانه له آثار سلبية سيئة كثيرة
ومتعددة على الإنسان وأجهزة جسمه المختلفة .

ففي بداية التعاطي ، يشعر المدمن بنوع من النشوة والسعادة والنشاط
المتدفق . ولكن هذه الحالة لا تدوم طويلا ، إذ سرعان ما يعقبها الكسل
والهبوط واللامبالاة والضعف العام ، فيحاول أن يتغلب عليها وذلك بتعاطي
جرعة أخرى من المخدر ، فيدخل في المرحلة الثانية .

وعند دخول المتعاطي في المرحلة الثانية ، تظهر اضطرابات سلوكية ، من أهمها
الأخاييل [Hallucinations] بكل أنواعها السمعية والبصرية   واللمسية .
فيشعر المدمن بأن كل ما يحيط به يتحرك ، وأن حشرات صغيرة تزحف على
جلده وتخترقه ، فتنتابه حالة من [الهرش] أو الحك الشديد للجلد ، وقد يصل به
الأمر إلى استخدام الإبر أو الدبابيس لإخراج هذه الحشرات من تحت جلده .
وكذلك يدخل المدمن في حالة من الشعور بأنه مراقب ، وأن جهات خارجية ترصد
تحركاتة وتعد عليه خطواته . ومن هنا يدخل في المرحلة الثالثة .

وغالبا ما تحدث المرحلة الثالثة أو يدخل المدمن في هذه المرحلة بعد مرور
سبع سنوات من تعاطى الكوكايين . ومن أهم سمات هذه المرحلة انحطاط تام
لجميع وظائف الجسم وتفكك لشخصيته .

ومن المهم الإشارة إلى أن هذا المخدر[الكوكايين] بالذات، وبعكس الأفيون

لا تصيب المدمن في حالة الإقلاع عنه أية انتكاسات جسدية . بل يعود المدمن إلى حالته الطبيعية بعد فترة من ترك الإدمان .

المورفين

نشأة المورفين واستخداماته :

هو أحد مشتقات الأفيون . فقد استطاع العالم الألمانى [سير تبرز] في عام 1806م من فصل المورفين عن الأفيون . وقد أطلق عليه هذا الاسم نسبة إلى الإله [مورفيوس] إله الأحلام عند الإغريق .

وقد ساعد الإستخدام الطبي للمورفين في العمليات الجراحية ، خاصة إبان الحرب الأهلية التي اندلعت في الولايات المتحدة الأمريكية في 1861م على انتشاره بدرجة كبيرة . ومنذ اختراع الإبرة الطبية ، أصبح استخدام المورفين بطريقة الحقن سهل وميسر وفى متناول اليد .

وللمورفين خاصية كبيرة في تسكين الآلام ، إلا أنه يسبب الإدمان الفسيولوجي ، حيث يؤثر على وظائف المخ .

الهيروين

نشأة الهيروين :

هو أحد مشتقات [المورفين] الأشد خطورة . وتم اكتشافه في عام 1898م ، وانتجته شركة [باير] للأدوية ثم أسيء استخدامه ، وتم إدراجه ضمن المواد المخدرة فائقة الخطورة .

والمادة الأساسية في الهيروين هي المورفين ، حيث تجرى عليها بعض العمليات الكيميائية ، وإضافة بعض المواد إليه مثل : الكينين والكافيين وفي

بعض البلدان يضاف إليه مسحوق عظام جماجم الأموات ، كما هو الحال في الهيروين المستعمل في مصر ، والذي يطلق عليه اسم [أبو الجماجم] .

طرق تعاطى الهيروين :

يتعاطى المدمنون الهيروين بطرق متعددة ، منها : الحقن في الوريد ، أو تحت الجلد , وأخرى عن طريق الشم . ويتم حدوث الإدمان بعد أسبوع من البدء في تعاطيه .

الأمفيتامينات [المنشطات]

نشأة الأمفيتامينات :

تم تحضير الأمفيتامينات [المنشطات] لأول مرة عام 1887م ، لكنها لم تستخدم طبيبا إلا عام 1930م . وقد سوقت تجاريا تحت اسم [البنزورين] . وكثر بعد ذلك تصنيع العديد منها مثل : [الكيكيدرين والمستيدرين والريتالين].

وكان الجنود والطيارون في الحرب العالمية الثانية يستخدمونها ليواصلوا العمل دون شعور بالتعب . لكن استخدامها لم يتوقف بعد انتهاء الحرب .

وكانت اليابان من أوائل البلاد التي انتشر تعاطى هذه العقاقير بين شبابها ، حيث قدر عدد اليابانيين الذين يتعاطونها بنحو مليون ونصف المليون في عام 1954م . وقد حشدت الحكومة اليابانية كل إمكاناتها للقضاء على هذه المشكلة ونجحت بالفعل في ذلك إلى حد كبير عام 1960م .

طرق تعاطى المنشطات :

تتعدد طرق تعاطى المنشطات ، وإن كان أشهر طرق تعاطيها على شكل حبوب تؤخذ عن طريق الفم . ومن المنشطات ماهو على شكل كبسولات ، ومنها ماهو على شكل سائل أصفر يحقن في الوريد ، ويسمى [الماكستون

فورت]؛ وهو سائل يمكن أن يحضر محليا مما يجعله شديد الخطورة . ومن أهم المنشطات المتداولة [الديكسافيتين والميثافيتامين] ، وأدوية أخرى تشبه في تأثيرها الأمفيتامينات , مثل : الديتالين   و الكتاجون واليونات .

الآثار السلبية لتعاطي المنشطات :

كما ذكرنا فإن الأمفيتامينات [المنشطات] هي مركبات كيميائية تحدث تأثيرا منبها للجهاز العصبي ، وتقلل من الإحساس بالإجهاد والتعب والشعور بالنعاس . ولذا , انتشرت بين الرياضيين والطلاب والسائقين الذين يقودون سياراتهم لمسافات طويلة ، وغيرهم من الفئات التي تحتاج إلى التركيز الذهني   وبذل جهد عضلي مضاعف .

وللأمفيتامينات خاصية الإطاقة ؛ بمعنى أن المدمن يقبل على زيادة الجرعة كل فترة حتى تحدث الأثر المطلوب . وقد تصل في بعض الحالات أن يتعاطى المدمن نحو [60] حبة يوميا ؛ أي حوالي [250] ملليجراما .

ويسبب استعمال هذه العقاقير حالة من الهبوط والكسل والشعور بالتعب تعقب الشعور بالنشاط الذي حدث للمتعاطي . وأحيانا , تصل نتيجة إدمان هذه المنشطات إلى حالة من انفصام الشخصية أو إلى الجنون .

******

الفصل السابع
إدمان المخدرات و أسبابه
الإدمان وأضراره

مصطلحات الإدمان :

الإدمان هو التعاطي المتكرر للمواد النفسية ، بحيث يؤدى إلى حالة نفسية ، وأحيانا عضوية ناتجة عن التفاعل مع المادة المخدرة لدرجة يميل فيها المدمن إلى زيادة جرعة المادة المتعاطاة ، وهو يعرف بـ [الاطاقة] أو [التحمل] .

وتسيطر على المدمن رغبة قهرية قد ترغمة على محاولة الحصول على المادة النفسية المطلوبة بأي وسيلة .

وقد استخدم مصطلح [الاعتماد] بديلا لـ [الإدمان] أو [التعود] . وقد يحدث إدمان لايعتبر بالضرورة خطرا أو ضارا ، مثل : الحالة الناتجة عن تناول البن [القهوة] ، و الشاي . وهذا النوع من الإدمان لايدخل في ما نحن بصدد دراسته في هذا الكتاب ، فنحن بصدد الإدمان الناتج عن تعاطى المخدرات .

وهكذا نجد أن هناك مصطلحات شائعة ، وسوف نحاول في السطور التالية التمييز بين تلك المصطلحات .

أ- مصطلح [الاعتماد] :

فالاعتماد على المخدرات يشير إلى حالة القلق النفسي والعضوي التي تنتج عن تناول عقار معين أو مادة ما وبدرجة لا يتمكن فيها المدمن من التخلي عنها دون حصول مضاعفات نفسية وجسمية ، والتي تعرف بـ [الأعراض الانسحابية] .

ب- مصطلح [التعود] :

فهو الاعتماد النفسي لوحده دون أي أساس لاعتماد عضوي ، وهو بوجه

عام لا يصل حدود الإدمان، على الرغم من أن التخلي السريع والمفاجىء عنه يؤدى إلى اضطرابات نفسية في كثير من الأحيان . كما أن التعود هنا يعنى الميل إلى الاستمرار بتناول المادة المخدرة مع عدم الاضطرار إلى زيادة كميتها . كذلك لا يؤثر مقدار المخدر الذي يتناوله المعتاد على كفاءته وقدراته ، ولا على علاقاته الإجتماعية والعائلية بنفس مستويات التأثير في حالات الاعتماد والإدمان .

جـ - مصطلح [الإدمان] :

يعبر مصطلح الإدمان عن تناول المخدرات بكميات [كثيرة نسبا] وبطريقة شبه مستمرة كافية لتحطيم الصحة البد نية والوظائف الشخصية ، والدور الاجتماعي للمدمنين على تناولها .

د- حالة [الانسحاب] :

هي الحالة التي يكون عليها المدمن إذا توقف عن تعاطي المخدر . وهي عبارة عن مجموعة أعراض تنجم عن محاولة الجسم التخلص من آثار سمومه ، وتختلف هذه الأعراض حسب نوع المخدر ومده تعاطيه . وتبلغ هذه الأعراض أشدها في الأفيون ومشتقاته ، وبالأخص [الهيروين] ؛ حيث تتراوح مدتها بين يومين وأربعة أيام . ويمكن أن تنتهي ببعض المتعاطين إلى الوفاة .

ومن أمثلة أعراض الانسحاب في حالة إدمان الأمفيتامينات [المنشطات والمنبهات] :

- مزاج مكتئب.   - شعور بالتعب.   - اضطراب في النوم.
- أحلام مزعجة.

وبالنسبة للانسحاب الكحولي ، فتتمثل الأعراض فيما يأتي :

- الارتعاشات الشديدة.   - الغثيان والتقيؤ.   - الشعور بالضيق.
- التوعك والضعف.   - سرعة ضربات القلب والعرق المتزايد.

- المزاج المكتئب والتهيج .

أسباب حدوث الإدمان :

يحدث الإدمان نتيجة للتفاعل بين ثلاثة عوامل رئيسية ، هي : المخدر والإنسان ، والمجتمع [العوامل الاجتماعية] . وسوف نتناول هذه العوامل بشيء من التفصيل :

أولا : المخدر :

المخدر هو العامل الأول في قضية الإدمان . وفي الحقيقة ، فإن استخدامه وتعاطيه يخضع لعدد من العوامل أهمها :

1- توفر المخدر : ويقصد بها سهولة الحصول عليه ، مما يجعل سعره في متناول الكثيرين وبذلك تتاح الفرصة للتعاطى ثم الإدمان .

2- طريقة التعاطي: فهناك مخدرات تتعاطى عن طريق الفم أو الشم، وهي التي يسهل الإدمان عليها ، بينما يقلل استخدامها بطريق الحقن من فرص إدمانها .

3 - مرات التعاطي : فالتعاطي المستمر واليومي يزيد من فرص الإدمان ، وذلك بخلاف الاستخدام المؤقت ، والذي يحدث في بعض المناسبات كالأعياد والأفراح وغيرها ، فإنه يقلل من فرص الإدمان .

4- نظرة المجتمع للمخدر : فهناك مجتمعات تنظر إلى المخدرات بشيء من التسامح والتساهل على اعتبار أن الإسلام حرم الخمر في القرآن ولم يحرم المخدرات ، حيث أنه لم يرد ذكرها في القرآن الكريم ، ولا في السنة المطهرة .

5- الخواص الكيميائية والبيولوجية للمخدر : فقد ثبت علميا أن لكل مخدر خواصه وتأثيراته المختلفة على الإنسان . كذلك ثبت أن أي شخص بعد أن يستخدم أنواعا مختلفة من المخدرات ، فإنه لا يلبث أن يفضل صنفا منها

ويدمن عليه. وذلك لوجود نوع من التوافق بين هذا المخدر وتأثيراته من جهة، وشخصية هذا الإنسان [المدمن] من جهة أخرى، لدرجة أنه قيل أن الشخص يبحث عن المخدر الذي يناسب شخصيته ؛ وهو ما يقول عنة العوام [المزاج] .

فالشخص المصاب بالإكتئاب يستخدم مخدرات تسبب له الإحساس بالرضا والسرور والتعالي ، في حين أن الشخص الذي يعانى من التفكك الداخلي في الذات واضطراب العلاقات بالآخرين أو في الوجدان والمشاعر ، وهو ما يعرف بـ [الشخصية الفصامية] يفضل المخدرات التي تساعده على إعادة الانتظام والإحساس بالواقع .

ثانيا : الإنسان :

الإنسان يتكون من جسم ونفس [مادة وروح] يتفاعلان باستمرار لدرجة أنه يصعب الفصل بينهما ، ولذلك تتدخل العوامل التي تؤثر في النفس مع العوامل التي تؤثر في الجسم . وسوف نوضح ذلك فيما يلى :

1 العوامل الجسمية : وهى تنحصر في الأمور التالية :

● الوراثة.

● العوامل المكتسبة.

● الأخطاء الطبية والعلاجية.

● الأسباب البيولوجية للاعتماد ، وهي التي تسمى [الناقلات العصبية].

2- العوامل النفسية : وهى العوامل التي تلعب دورا في التعاطي والإدمان . وهى تشمل :

أ- تخفيض التوتر والقلق.

ب- تحقيق الاستقلالية والإحساس بالذات.

ت- الإحساس بموقف اجتماعي متميز ، والوصول إلى حياة مفهومة.

ث- الإحساس بالقوة والفحولة.

ج- إشباع حب الاستطلاع.

ح- الإحساس بالانتماء إلى جماعة غير جماعته.

خ- الوصول إلى الإحساس بتقبل الجماعة له.

د- التغلب على الإحساس بالدونية.

ذ- التغلب على الأفكار التي تسبب له الضيق.

ر- الخروج عن القوالب التقليدية للحياة [حب المغامرة].

ز- حب الاستطلاع ، وملء الفراغ.

وهناك من يضيفون دوافع أخرى إلى ما تقدم . منها على سبيل المثال :

- الرغبة في التجريب.   - الهروب من المشاكل.

- الرغبة في زيادة المرح.   - الرغبة في زيادة القدرة الجنسية.

- الفشل في حل الصراع بالطرق المشروعة.

- الإحساس بالاغتراب والقهر الاجتماعي.

- الصراع بين التطلعات الطموحة والإمكانات المتاحة.

- الرغبة في الاستقرار النفسي.

ثالثا : المجتمع [العوامل الاجتماعية] :

مشكلة تعاطى المخدرات والإدمان عليها مثلها مثل غيرها من المشكلات الاجتماعية تقف وراءها عوامل اجتماعية عديدة هامة ومؤثرة ، تتباين من مجتمع إلى آخر ، بل ومن فرد إلى آخر .

وأهم هذه العوامل الاجتماعية ما يلي :

1- العلاقات الأسرية .

2- تعاطى الأبوين أو أحدهما للمخدرات .

3 – تأثير جماعات الأصدقاء [أصدقاء السوء] .

4- السلوك المنحرف للشخص ، أو استعداده للانحراف .

5- درجة التدين .

6- وجود المخدر وسهولة الحصول عليه.

7- التدخين وشرب الخمر ، فهما المدخل الحقيقي للإدمان .

8- وسائل الاتصال الجماهيري .

9- الثقافة السائدة في المجتمع.

10-المستوى الاجتماعي والاقتصادي للفرد وللأسرة.

سيكولوجية الإدمان :

الإدمان هو حالة يعاني فيها الإنسان من وجود رغبة ملحة في تعاطى مادة ما بصورة متصلة دورية . ووراء هذا التعاطي رغبة في الشعور بآثار نفسية معينة أو لتجنب الآثار المزعجة عند عدم استعمال هذه المادة ، كما تتزايد الكمية التي يحتاج إليها المدمن بصفة دائمة.

ويؤدى التوقف المفاجىء عن تعاطى هذه المادة إلى حدوث أعراض جسمية ونفسية تعذب المدمن وتدفعه إلى مواصلة التعاطي والرغبة الملحة في تعاطى العقار والحصول عليه بأى وسيلة . ويحدث في حالة الإدمان اعتماد نفسي وعضوي على المادة ، ولكي يدمن الإنسان مخدرا أو عقارا فهناك فترة لازمة يستمر فيها تعاطيه للمخدر بصورة دورية ، وتختلف من مخدر إلى مخدر ومن عقار إلى عقار . فنجد أن الخمر يحتاج الأمر بالنسبة له إلى استعمال مفرط ولعدة سنوات ، وفي الأقراص المنومة فالأمر يحتاج إلى استعمال متصل خلال شهر واحد . وبالنسبة للهيروين فالأمر يحتاج إلى استعمال متصل خلال أسبوع

واحد. كذلك تختلف حسب طريقة الإستعمال ، فهي بالترتيب من الأسرع تأثيرا للأقل هي : الحقن في الوريد ثم تعاطى المادة [المخدرة] عن طريق الفم ، ثم الاستنشاق .

شخصية المدمن :

أكدت بعض الدراسات أن البيئة المحيطة بالإنسان لها أكبر الأثر في جعله مدمنا أو سويا ، فهي تلقى بكل العبء على البيئة فقط . كما أثبتت الدراسات أن العامل الوراثي له دور أيضا ، فالإدمان ينتقل من الأب المدمن إلى ابنه غير المدمن نفسيا وجسميا ، حيث إن استعداده للإدمان أكبر من ذويه . ووجد أن هناك ملامح معينة تميز شخصية المدمن منها :

1- عدم النضوج العاطفي :

كما يتميز المدمن بعدم مقدرته الاعتماد على نفسه .

2- الشخصية النرجسية :

فالشخص المدمن يتمتع بشخصية نرجسية تريد أن تحقق كل ما تريده فورا وفي الحال .

3- الشخصية المريضة جنسيا :

ففي هذه الحالة ، يكون الإنسان [المدمن] مصاب بالضعف الجنسي، فيخدر نفسة هربا من مشاكله .

4- التمتع بعقاب الذات :

وتتكون هذه الشخصية نتيجة أسلوب في التربية ، حيث يعاقب الطفل عند إظهار الاستياء أو الغضب المشروع .

5- الشخصية القلقة :

صاحب هذه الشخصية يعاني من القلق والتوتر الدائم ، ولذلك يلجأ إلى

المسكرات والأدوية لتسكين هذا التوتر .

خصائص الإدمان :

يتناول الناس المخدرات على سبيل التجربة وحب الاستطلاع وذلك لمرات عديدة ، بينما يستمر البعض الآخر في تناوله للمواد المخدرة بصفة مستمرة . كما أن هناك أشخاص تصل حالتهم إلى الاعتماد الجسمي على المخدر بعد مرات قليلة ، بينما لا يصل إليها أشخاص آخرون بالرغم من تناولهم لها عدد مرات أكثر ومدة أطول ، ولم يجد العلماء إلى الآن تفسير علمي لذلك .

ويعتبر الشخص قد أصبح مدمنا بعد أن يمر بفترة الاعتماد ذات الأعراض الآتية :

1- عدم استطاعة الشخص التخلي عن تناول المخدر لساعات أو أيام.

2- الميل المستمر إلى الزيادة في الجرعة من تلك المادة.

3- ظهور بعض الآثار النفسية أو المضاعفات عند التوقف عن التناول، مثل : القلق والتوتر والاكتئاب وقلة التركيز وعدم الارتياح .

4- ظهور بعض المضاعفات العضوية عند التوقف عن التناول مثل : الصداع ، والارتجاف في الأطراف العليا والسفلى والوجه واللسان ، والتعرق ، والإغماء أحيانا .

5- تدهور في السمات الشخصية ووظائفها مثل : الأعمال العضوية، والجوانب الذهنية والسلوك والصحة العامة . وأساليب التعامل .

******

الفصل الثامن
الأضرار الناجمة عن الإدمان

التأثيرات السلبية للإدمان :

تمس التأثيرات السلبية للإدمان عدة جوانب مهمة ، وسوف نتعرض لهذه
الجوانب بشيء من التفصيل , على النحو التالى :

أ- الجانب النفسي :

إن تأثير الإدمان على حالة الإنسان النفسية أو وضعه النفسي يكاد يكون
شاملا لعموم جوانبها ، وأهم هذه الجوانب :

● الإنفعالية

وفى مجالها نرى المدمن يعانى في أغلب الأحيان من اضطراب يدفع إلى الحزن
الشديد ولوم الذات ، والميل إلى العزلة عن الآخرين - في الحالات الشديدة على
وجه الخصوص - كذلك ، تخلخل الوجدان والعاطفة .

● السلوكية

وفى إطارها يكون الخلل واضحا في التعامل مع الذات والآخرين لمستوى
تتكون عنده مشاعر لدى المدمن تدفع في بعض الأحيان إلى توجهات عدوانية
لتدمير الذات والآخرين في آن معا . وتؤدى أيضا إلى تدهور شخصية المدمن
واضطراب معالمها حتى تصبح بعد فترة من الزمن اعتمادية على الغير ، تتسم
بالتهرب من المسئولية وعدم الثقة بالنفس ، وكذلك بالآخرين .

● العقلية

وفيها يكون تأثير الإدمان أكثر شدة وكلفة في ذات الوقت ، على الرغم من أن
تأثيراته - أي الإدمان - على العقل تختلف من مادة لأخرى تبعا لتركيبته الكمياوية
وفترات تناوله . فالحشيش - مثلا - يحدث اضطرابا في التوجه والتفكير ، وخللا في
الشعور بالزمن ، واستمرار تناوله بكثرة ولفترة طويلة من

الزمن يمكن أن يؤدى إلى حالة تشبه "الذهاني الفصامى" ، وكذلك إلى "الخرف" و"العتة" . والمورفين يسبب تناوله بتقدم الأيام وزيادة كميته إلى الإصابة بالذهول و التبلد ، وأحيانا التحلل الخلقي والكذب . أما الكوكايين فيؤدى الإدمان عليه إلى الهلوسة والهذيان والإحساس بنوع من التنميل الذي يشبه قرصات لحشرات وهمية ، وبأوقات شبه مستمرة . كذلك يؤدى الإدمان على الأمفيتامينات [المنشطات] إلى حالة ذهان وقتى يتميز بالتوتر والتوجس والخوف والهلاوس البصرية والهذيان والشعور بالاضطهاد والأوهام ، ويؤدى أحيانا إلى العنف والعدوان أو الإنتحار .

وعلى وجه العموم ، فإن تناول المواد المخدرة أو الإكثار من تناولها [إدمانها] يؤدى إلى زيادة في النسيان ، ويجعل المدمنين أبطأ في الإدراك والاستيعاب وأقل قدرة على استعادة المعلومات .

ب - الجانب الاجتماعي :

الإنسان كائن إجتماعي وسلوكه مدمنا كان أو معتادا يؤثر ويتأثر بالمحيط الموجود حوله . وبما أن تناول المخدرات يتم أحيانا في إطار الجماعة [البيت ، النادي ، الشارع ، العمل ، ... الخ] ، فإنه يوسع من احتمالات تأثيرها لتشمل الآخرين ، وبحدود تعتمد على مستوى الإدمان [كمية المخدرات وعدد مرات التناول] ، والخصائص النفسية للفرد ، ومقدار تفاعله وتأثيره على القريبين منه أو تأثيرهم عليه . وعموما ، فإن مستويات التأثير الاجتماعي يمكن أن تطال وبدرجات متفاوتة في المجالات التالية :

● الحياة الزوجية

إذ ينتشر الطلاق بين المدمنين بنسب أعلى من انتشاره في عموم المجتمع .

● التفكك الأسرى

اضطراب بنية العائلة مع كثرة التعرض للمشكلات المادية والعاطفية والدراسية.

● اضطراب التوازن الاجتماعي

يعتاد البعض من المدمنين على تأجيل مواجهة الواقع أو المشاكل المحيطة بهم وذلك بالهرب منها ، وبالتالي يتعزز لديهم السلوك الانسحابي ، وتضعف امكاناتهم وقدراتهم النفسية اللازمة للعيش باتزان مقبول في المجتمع .

● اختلال العلاقات الاجتماعية

الاستمرار على تناول المخدرات لفترات طويلة ، وإذا لم يؤد إلى الإدمان [في حالات قليلة] فإنه سيفضى إلى تعود نفسي عليها ، ويجعل المدمنين في حالة نفسية غير مستقرة أو غير متوازنة يستثاروا خلالها لأمور بسيطة تعرض علاقاتهم مع الآخرين للاضطراب . وقد تؤدى إلى القيام بسلوك يتنافى والأعراف الاجتماعية .

جـ - الجانب الاقتصادي :

كان الإنسان ومازال عمادا للاقتصاد في جوانبه المتعددة ، سواء ما يتعلق منها بالتخطيط أو الإدارة أو التنفيذ [العمالة] , وبات تطوره مرهونا بإمكانات وكفاءة العاملين في حلقاته المتنوعة . هذا وعلى الرغم من أن الدراسات المتيسرة لم تتناول مدمنى الحلقات العليا للتخطيط وإدارة العملية الاقتصادية ، إلا أن الدراسات التي تناولت الجانب الاقتصادي بشكل عام تشير إلى : أن ما يميز المدمنين أو المعتادين هو ازدياد مشكلات العمل ، وكذلك إسهام التناول بفقدان وظائف العديد منهم .

هذا وقد أجمعت الدراسات على أن الإفراط في التناول [الاعتياد أو الإدمان] يؤدى إلى :

- الإقلال من كفاءة العمل.   - زيادة نسبة الغياب عن العمل .
- الإكثار من المشاكل ذات الصلة بالآلة أو بالآخرين .
- تضاعف احتمالات التعرض لإصابات العمل .

- في ميدان الإنتاج ، فإن المدمنين والمعتادين يساهمون أكثر من غيرهم بالخسائر المادية الحاصلة ، وذلك بسبب كثرة الحوادث وقلة الالتزام وعدم الشعور بالمسئولية .

وقد أشارت الدراسات إلى أن تناول المخدرات يبدأ ويتطور عادة في سن المراهقة وما بعدها من سنوات الرشد التي توصف بغزارتها الإنتاجية . فإذا ما أخذنا بنظر الاعتبار النسبة العالية للإدمان من بين المتناولين ، فإن المشكلة تكون أكثر تعقيدا وضررا لتزايد أعداد المدمنين من بين الشريحة الاجتماعية للمتناولين وما يسببوه من خسائر لمجمل العملية الاقتصادية نتيجة لسوء تكيفهم مع أعمالهم ووظائفهم، وضعف إمكاناتهم، خاصة في المجتمعات النامية، ومن بينها دولنا العربية والإسلامية التي هي بحاجة أكبر من غيرها إلى طاقات الشباب .

د- الجانب الأمني :

إذا كان الإدمان على المخدرات ذا تأثير سلبي على الحالة النفسية للفرد لمساهمته المباشرة في تغيير شخصية البعض ، وتقليل قدرتهم على التحمل والتكيف ، فإن الحالة هذه ستكون بطبيعتها الأرضية المحتملة لبعض الخروقات الأمنية والدافع المباشر أو غير المباشر لقسم من الجرائم المرتكبة ذات التأثير السلبي على استقرار المجتمع ، وأمنه ذو الصلة بالأشخاص أو المعلومات أو المعدات والمنشآت حتى أصبح الإدمان ثغرة أمنية ينظر إليها من زاويتين :

الزاوية الأولى

تتعلق بالناحية النفسية لمدمني المخدرات إذ أن زيادة كمية تناولها توسم المدمنين بمسحة عصابية وتضعف لديهم [الأنا] والإحساس بالتنبيهات الخارجية التي تشوه أو تربك جميعها التقديرات اللازمة للتعامل مع المواقف

الحياتية ، وتفضى إلى الخطأ ، فتزداد عندها الضحايا وترتفع نسب ارتكاب الجرائم خاصة المتعلقة بالقتل والسرقة والاغتصاب والاعتداء على الغير .

الزاوية الثانية

ذات الصلة بالعلاقة بين الجريمة وتناول المخدرات . وفى إطارها ، تؤكد الدراسات أن المخدرات مسئولة عن تحفيز الميل لارتكاب الجريمة ، الموجود أصلا في التركيب [التكوين] النفسي لبعض الأفراد ، وعندها يصبح تناول كمية منها كافيا لدفعه - أي من لديه ميول ذات طبيعة إجرامية في الأصل - باتجاه ارتكاب جريمة معينة خاصة لمن اعتاد العنف . ذلك أنها – أي المخدرات – تضعف من القدرة على الإدراك ومن السيطرة على الإرادة وبالمستوى الذي لا يستطيع فيه المدمن من كبح دوافعه الإجرامية .

وإذا ما أضفنا إلى ذلك جرائم وحوادث الطرق ، فإن الصورة تكون أكثر ضبابية ، وخاصة عند الأخذ بالاعتبار أن قسما ليس قليلا منها ذات صلة بكون السائقين من المتناولين لها ، لأنها تقلل لديهم القدرة على الرؤية الواضحة والانتباه اللازم للقيادة . كما أنها تقلل من القوة العضلية اللازمة للأداء الحركي في الوقت المناسب ، إضافة إلى الثقة المفرطة بالنفس إلى حد المغالاة في أحيان ليست قليلة .

أضرار تعاطى و إدمان المخدرات :

يمكن تقسيم الأضرار الناجمة عن تعاطى وإدمان المخدرات إلى ثلاث أقسام وهي :

أولا : الأضرار الصحية

تتفاوت الأضرار والآثار الناجمة عن تعاطى المخدرات وإدمانها ، فمنها ما يعوق المدمن عن الحركة والعمل والتعامل الرشيد ، كما أن لها تأثير متفاوت على الوظائف العقلية للفرد [المدمن] . ويصاب المدمن بالوهن وضعف

الأعصاب ، وقد تؤدى به المخدرات إلى الجنون . وسوف نوضح تأثيرات تعاطى المخدرات على الأجهزة المختلفة بالجسم :

أ- تأثير المخدرات على الكبد :

عند تناول المادة المخدرة ، فإنها تذهب للكبد حيث تقوم خلاياه بتكسير هذه السموم ، و لكنها في الوقت نفسه (أي خلايا الكبد) تموت ، فيتلف الكبد و يفقد طاقاته بزيادة الأنسجة الليفية .

ب- تأثيرها على الجهاز التناسلي :

يصاب مدمن المخدرات بالضعف الجنسي ، كما أن الحشيش يضعف القدرة على إفراز الحيوانات المنوية ، فيؤدى إلى العقم .

جـ - تأثيرها على الجلد و الجهاز التنفسي :

تنعدم حاسة الشم عند شمامي الهيروين والكوكايين ؛ وذلك بسبب ضمور عصب الشم نتيجة التصاق مسحوق الهيروين بالجزء العلوي من فراغ الأنف .

د- تأثير المخدرات على الجهاز العصبي :

المخدرات تذهب بعقل المدمن وتجعله يتخيل أشياء كثيرة بعيدة عن الواقع، فيتخيل – مثلا – أنه يعيش في عالم أخر بعيد عن كل المشكلات التي يواجهها في حياته . ونتيجة لتوقف نشاط الجهاز العصبي من تكرار أخد المخدر ، فإن المدمن يلجأ إلى زيادة الجرعة المأخوذة ، مما قد يصيبه بالتسمم ؛ الذي قد يؤدى للوفاة .

هـ - تأثير المخدر على القلب :

تؤثر المخدرات على ضغط الدم مع ما يصاحب ذلك من أضرار على القلب , إذ أنها تزيد عدد ضربات القلب ، مما يسبب الإجهاد لـه . وقد يتسبب عنها جلطة في الشريان أو هبوط في عضلة القلب نتيجة تلف العضلة .

و- تأثيرها على السيدات أثناء الحمل و الرضاعة :

تتعرض السيدات التي تتعاطى المخدرات وهـن حوامـل للعديـد من

المخاطر , أهمها :

- إرتفاع معدل الإجهاض .

- إرتفاع نسبة إنجاب أطفال نافصى الوزن .

- إنتقال سموم المخدرات إلى الطفل عن طريق لبن الأم ، مما يؤثر على صحته العامة .

الأضرار العامة للمخدرات :

إلى جانب الأضرار التي ذكرناها سابقا ، يتسبب إدمان المخدرات في حدوث الأضرار التالية :

1- تقليل الوعي (الإدراك) أو تغيبه .

2- اضطراب في إدراك الواقع وهلوسته .

3- ضعف الذاكرة ، واضطراب التفكير ، وانخفاض معدلات الذكاء .

4- تغيير في نمط شخصية المتعاطي ، فتصبح شخصيته هستيرية يكره المجتمع .

5- الكسل والتراخي ، وينعكس ذلك على قلة الإنتاج وافتقاد الطموح والضعف الجنسي .

6- فقدان الشهية والهزل .

7- جفاف الفم والحلق واحتقان الوجه .

8- الشعور الدائم بالدوار وبطء في ضربات القلب وتقيح الجلد .

9- الإمساك المزمن وعسر في التخلص من البول [عسر التبول] .

10- ضعف قوة الإبصار ؛ وذلك نتيجة التأثير المباشر على العصب البصري ، مما قد يؤدى إلى فقدان الرؤية تماما .

11- الإصابة ببعض الأمراض مثل : الالتهاب الكبدي أو الإيدز .

-12

-13 الموت المفاجيء أثناء تناول جرعات زائدة من المخدر .

-14 اهتزاز العينين ورعشة اليدين .

-15 هبوط ضغط الدم .

-16 التأثير على جهاز المناعة ، وانخفاض عدد كرات الدم البيضاء .

-17 التأثير على الجهاز الدوري والتنفسي .

-18 افتقاد القدرة على التركيز، مما يسبب حوادث متعددة للمتعاطين ، وبخاصة السائقين أو العاملين .

-19 يصبح المدمن مشغولا بتعاطى المخدرات ، وينسى مشاغل الحياة الأخرى ، ويتعرض إلى حالة سيئة ، ويتألم إذا لم يجد المادة المخدرة التي يتعاطاها . ويزداد أمر المدمن سوءا إذا اعتاد جسمة على المخدر ، فيقل تأثيره عليه ، وبالتالي يحتاج إلى جرعة أكبر ، وهكذا تزداد الجرعة التي يتعاطاها مما يؤدى إلى سوء حالة المدمن أو المتعاطي .

-20 يعاني المتعاطي من اضطرابات الإدراك الحسى لتقدير الزمن والمسافة

-21 يؤدى التعاطى لمدة طويلة إلى الإصابة بحالات مرضية كالضغط الذهني الحاد وزيادة كبيرة في معدلات الإصابة بالعظام ، والاضطرابات الانشقاقية ، والقلق ، والاكتئاب .

ثانيا : الأضرار الاقتصادية :

المخدرات لعنه تصيب الفرد ، وكارثة تحل بالأسرة ، وتزلزل جدرانها من خلال الخسائر المادية والصحية التي تلحق بالمتعاطي وأسرته.

ويمكن توضيح ذلك فيما يلي :

بالنسبة للفرد :

المخدرات لها أضرار اقتصادية للفرد ، فتذهب بأموال شاربيها [متعاطيها] إلى خزائن التجار الذين صدروها وتفننوا في سبل انتشارها والإغراء بها , لأن

الفرد الذي يقبل على المخدر يضطر إلى استقطاع جانب كبير من دخله يصرفه على ذلك ، فتسوء حالته المالية ، ويفقد ماله الذي انفقه من أجل الحصول على المخدر .

كما دلت الإحصائيات على أن المخدرات لها أسوأ الأثر على المتعاطي فتجعله يكره العمل . ويتحول المدمن إلى شخص عصبي غير منتج . كما أنه يفقد القدرة على التركيز نتيجة قلة نومه مما يؤدى إلى سوء الحكم على الأشياء .

بالنسبة للأسرة :

تمثل المخدرات عبئا اقتصاديا شديدا على دخل الأسرة ، حيث ينفق رب الأسرة جزءا كبيرا من دخله للحصول على المخدر ومستلزماته ، ويؤثر ذلك بالطبع تأثيرا خطيرا على الحالة المعيشية العامة للأسرة من النواحي السكنية والغذائية والصحية والتعليمية ، وجميع الجوانب الأخرى . وكذلك لا يستطيع أفراد الأسرة الحصول على احتياجاتهم الضرورية لاستمرار حياتهم ، مما يضطر الأم إلى البحث عن عمل ، وغالبا ما يكون غير مشروع . كما يلجأ الأطفال إلى البحث عن عمل وترك التعليم . وجميعها أمور تؤدى إلى تدهور الأسرة وتفككها .

بالنسبة للمجتمع :

انتشار تعاطى المخدرات يؤدى إلى زيادة عدد أفراد الشرطة وموظفي السجون ، بحيث إذا لم تكن هذه الظاهرة ، لأمكن أن يتجه هؤلاء الأفراد إلى مجالات صحية أو اقتصادية أو ثقافية .

وتعاطى المخدرات يمثل عبئا ثقيلا على الدخل القومي ، فهناك خسارة اقتصادية محققه ، إلا أن هناك خسائر أفدح ، حيث إن تعاطى المخدرات يؤدى إلى انتشار الجريمة ومخالفة القوانين وارتكاب أفظع الجرائم مثل: السرقة بالإكراه

والاغتصاب وقبول الرشاوى .

ثالثا : الأضرار الاجتماعية :

بالنسبة للفرد :

تعاطى المخدرات يعود بأسوأ النتائج على الفرد في إرادته وعمله وانتاجة ووضعه الاجتماعي وثقة الناس به . فالأشخاص الذين عرف عنهم النشاط وكانوا موضع الثقة يتأثرون في أخلاقهم وكفايتهم الإنتاجية ويتحولون بفعل المخدر إلى أشخاص يفتقرون إلى الطاقة المهنية والحماس والإرادة لتحقيق واجباتهم العادية المألوفة . فالتعاطي يجعل المتعاطين كسالى سطحيين غير موثوق فيهم مهملين ومنحرفين في المزاج والتعامل مع الناس . وغالبا ما يطرد المتعاطي من عمله أو يقل أجره أو إيراده .

بالنسبة للأسرة :

متعاطي المخدرات لا يقدر المسئولية ، ويهمل واجباته الأساسية ، وبذلك يكون النموذج السيىء لأولاده . فلا ينشأ لديهم شعور بالمسئولية حيال أسرهم في المستقبل ، ويسود التوتر والخلاف بين الأفراد في أسرة المتعاطي ، مما يؤدى في الغالب إلى تفرقهم أو بطلاق الزوجين أو تؤدى إلى تشريد الأبناء .

بالنسبة للمجتمع :

إن الفرد هو الخلية الأولى في المجتمع ، فإذا فسد الفرد فسد المجتمع . فالبناء لكي يكون صحيحا آمنا لابد من أن تكون جميع أجزاءه سليمة وصحيحة ، فإذا فسدت لبنة من هذا البناء تهدم البناء كله . فالمجتمع لا يستطيع أن يتقدم وينمو ويزدهر إلا بفضل مجهود شبابه الذين لن يتسنى لهم فعله إلا إذا كانوا أصحاء في أفضل صحة وعافية ؛ لأن الذين ينهضون بالأمم والشعوب هم شبابها وأملها .

******

الفصل التاسع
أبعاد قضية المخدرات

أبعاد قضية إدمان المخدرات:

إدمان المخدرات قضية خطيرة لما لها من آثار سلبية وتداعيات تمس الأسرة وتهدد كيانها ، مما يعد تهديدا للمجتمع بأكمله . وفى الحقيقة فإن قضية إدمان المخدرات لها أبعاد كثيرة ومتعددة إلا أننا سنحاول التعرض لأهم هذه الأبعاد ومناقشتها مناقشة موضوعية لتحديد عناصرها الفاعلة والمؤثرة . وأهم هذه الأبعاد , ما يلي :

أولا : البعد الحيوي :

هناك اتجاه يعزو سوء استعمال المخدرات أو الإقبال على تعاطيها إلى عوامل جينية [فطرية] . كما أن هناك افتراضات مؤداها احتمالية وجود أسباب جينية ترتبط وراثيا بخصائص إفرازات المورفين الذاتية ، إذ ثمة إفرازات لنوع من الأفيون قد يكون له دور في إقبال صاحبه عليه .

ولكن هذه الفروض تحتاج إلى مزيد من المراجعة البحثية لتحقيقها علميا على مستوى الدراسات الحضارية المقارنة ، وذلك لأن أساليب الاستعمال والممارسة تختلف من سياق اجتماعي ثقافي إلى أخر .

ويعتبر استعمال المخدرات لتسكين الآلام البدنية من الأسباب المكتسبة بيولوجيا . فعلى سبيل المثال , يستخدم الأفيون بدعوى أنه يخفف الآلام المرتبطة بأمراض معينة . وقد يؤدى هذا المسلك - في كثير من الأحيان - إلى الاعتماد على المخدر دون أن يقصد المريض أية إساءة أخلاقية . وقد يؤدى هذا إلى أن يدمن المريض ذلك المخدر دون قصد أو إرادة . ويطلق على الأفيون اسم [قاتل الألم] . إلا أنه فضلا عن إزالته للألم ، فإنه يحدث ارتخـــاء

عضلي ويؤدى إلى قلة النشاط والميل إلى الخمول والكسل .

ويؤكد العلماء أن المصابين باضطراب النشاط أكثر عرضة للإدمان . فقد ذكر باحثان أمريكيان[1] أن الأطفال المصابين بمرض قصور التركيز المقترن باضطراب النشاط أكثر عرضة لاكتساب عادة التدخين وتعاطي المسكرات وسوء استخدام العقاقير مما يؤدي إلى الإدمان . وفسر الباحثان ذلك بأن الأطفال المصابين بالمرض المسمى اختصارا [آي.دي.اتش.دي - I.D.H.D] ، يعانون من مصاعب في التركيز ومشاكل في الدراسة ، وتعذر إقامة علاقات مع الآخرين . وهذا بدوره قد يولد لديهم قابلية لإساءة استخدام العقاقير وتعاطى الكحوليات .

وتوصل الباحثان إلى هذه النتيجة من خلال مقارنة [142] فتى تتراوح أعمارهم ما بين [13 و 18] عاما ، شخصت إصابتهم بمرض [آي.دي.اتش. دي] مع مائة من الأطفال من غير المصابين به .

وقد لاحظ الباحثان استمرار أعراض المرض لدى [72%] من الأطفال حتى مرحلة المراهقة ، وأبلغوا [من الآباء والمدرسين] عن إفراطهم في شرب الكحوليات حتى الثمالة عددا أكبر من المرات ، وتدخينهم عددا أكبر من السجائر عن المراهقين الذين لم يداهمهم المرض في طفولتهم .

وخلص الباحثان إلى أن الأطفال المصابين بالمرض [آي.دي.اتش.دي] تزيد لديهم احتمالات معاقرة الكحوليات والعقاقير الأشد وطأة ، كما كانوا أكثر عرضة لأن يدخنوا في أعمار أقل من الأطفال غير المصابين بالمرض .

---

(1) الباحثان هما طبيبان نفسيان أحدهما : [بروك مولينا] من كلية الطب بجامعة [بيتسبورغ] ، والآخر : [وليام بلهام] من كلية الطب بجامعة [ولاية نيويورك] في [بافلو] ، بالولايات المتحدة الأمريكية .

ثانيا : البعد الثقافي

من الملاحظ عدم اقتصار آثار المواد المخدرة على الأضرار الحيوية فقط ، ولكن وجد أن لها أبعاد أخرى مثل : البعد الثقافي .

فنجد أن الحشيش ينفرد باندماجه في ثقافة الشباب ، ويكون سن البدء فيه أصغر عادة من أي عقار آخر. فقد لوحظ أن الحشيش أصبح من صميم ثقافة فئات عريضة من الشباب ، حيث بدأ أولا في الولايات المتحدة الأمريكية ثم أوروبا ثم إلى بقية مناطق العالم ، مستمدا تأثيره من خلال الموسيقى وحفلاتها الصاخبة .

كما أن التطور السريع في حركة التصدير جعله على قمة المواد المخدرة الأخرى .

وتؤكد الدراسات المعاصرة الارتباط بين زيادة استهلاك الحشيش والبانجو – الذي انتشر في مصر مؤخرا – وبين ثقافة الشباب السائدة .

كذلك وجد ارتباط آخر بين تعرض الشباب لثقافة المخدرات وبين احتمال الإقبال عليها ، وذلك من خلال وسائل الإعلام التي تنشر [ثقافة التعاطى] . كما وجد جماعات من الشباب – لا يستهان بحجمهم – لا يتعاطون المخدر ، ولكنهم على استعداد نفسي للتعاطي . بالإضافة إلى أعداد كبيرة تقبل على تناول وتعاطى المخدر عن طريق حب الاستطلاع .

ونذكر هنا قضية [عبدة الشيطان] ، التي تورط فيها مجموعة من المراهقين والشباب ، والتي كانت المخدرات هي طريق الأوهام والهذيان الذي مهد لهم الانحراف الذي انجرفوا فيه .

ثالثا: البعد الاجتماعي

إن تكرار التعاطي واستمراره وتأثيره في الجهاز العصبي والتنفسي لا يتم على مستوى الملايين إلا في سياقات اجتماعية مختلفة متنوعة الثقافات . ونحن اليوم نجد مجتمعات متقدمة أباحت قوانينها الجديدة تعاطى أنواع من المخدرات

تحت ضغوط تغير الاتجاهات الثقافية في الرأي العام .

فبدون وضع العوامل الاجتماعية والبيئية في الاعتبار ، لا يمكن أن نحصل على تفسير سببي كامل لـ [قضية الإدمان] . فالمجتمع كعائل كبير هو الذي يحدد كل من العرض والطلب على المخدرات ، وهو الذي يقر معايير السلوك ذات الأهمية . وهناك كثير من الأبعاد المحورية في الحياة الاجتماعية أهمها : أثر تجزئ الهياكل البنائية ، ومدى فعالية الأسرة .

ويبدو أثر تجزئ هياكل الحياة الاجتماعية في تداعيات الهجرة الداخلية من القرى إلى المدن الكبرى ، وتكوين أحياء ومدن صغيرة عشوائية حولها . وتعتبر هذه من أهم عوامل زيادة الطلب ، مما يجعلها تربة خصبه للعرض .

كذلك فإن تداعيات الهجرة الخارجية الدائمة أو المؤقتة إلى البلاد الغنية ؛ وخاصة الدول النفطية ، تعد أحد عوامل انتشار تعاطى المخدرات . فترك الأب أو رب الأسرة عائلته وغيابه مدة طويلة ، يتسبب في انحراف الأبناء ، وذلك من خلال محاولة الأب تعويض غيابه بزيادة النقود في أيدي الأبناء , مما يشجع المراهقين على الانخراط في نمط مشوش من الحياة ، ويعرضهم لمرافقة أصدقاء السوء ، ودخولهم عالم إدمان التدخين والمخدرات .

وإذا كان للأسرة دورها الإيجابي في الرعاية والحماية والتنشئة والوفاء بالحاجات الأساسية البدنية والصحية والتربوية والتعليمية والاجتماعية والاقتصادية وغير ذلك من احتياجات مستجدة ، وتأثيرها الكبير في تشكيل الاتجاهات والقيم ، فإنه يمكن أن يكون لها دور سلبي إذا ما سادت أجواء التوتر والاضطراب والمشكلات المرضية والنفسية ، والتعرض للأذى وتعاطى المخدرات .

ولا يعيش البناء الأسرى في معزل عن الجماعات المحيطة بهم . وأولها جماعة

الأصدقاء والرفاق ؛ فهم جزء غير مباشر من الأسرة. وقد أثبتت عدة دراسات أن تأثيرهم أكبر من تأثير الوالدين ، وتبدو خطورة ذلك في تأثير بعضهم على بعض في مجال سوء استعمال المخدرات .

رابعا : المخدرات والتربية والتعليم

مما لا شك فيه أن المؤسسة التعليمية [المدرسة] هي الجهة التي تعد الفرد لكي يتوافق مع مجتمعه بأبعاده التاريخية والثقافية . ويتم ذلك عن طريق إمداد العقل بالمعارف والعلوم ، وتدريب النفس على تمثل القيم الأخلاقية والدينية التي يبنى عليها ويتأسس المجتمع .

ولقد بينت الدراسات أن الاستعمال المزمن والحاد للمواد المخدرة قد يؤدى إلى إضعاف الذاكرة والوظائف العقلية ، والقدرة على تسلسل الأفكار, والإضرار بالنمو الاجتماعي والعاطفي للأطفال والمراهقين وإضعاف مستوى الأداء الدراسي . وترتبط درجة الإضعاف بالكمية أو الجرعة المتناولة .

ويلخص الأثر المحتمل لأنواع مختلفة من المخدرات بأنها يمكن أن تقلل من العمليات والقدرات المعرفية ، وتعوق تنمية القيم لدى الشباب . كما يؤدى انخفاض مستوى الكفاءة المعرفية إلى انخفاض المستوى الأكاديمي . ويؤدى ذلك إلى التقليل من شأن الإنسان لنفسه ، واحترامه لذاته مما يجرفه إلى الانخراط في بؤر الفساد والانحلال .

خامسا : المخدرات و الجريمة

اختلفت الآراء حول علاقة المخدرات بالجريمة !

هل هي علاقة سببية بين المقدمات والنتائج ؟ أم هل هي علاقة ارتباط بين إثارة واستجابة ؟ أم أن المخدرات [عامل مساعد] لا تتم الجريمة ألا بوجوده ؟

وفي الحقيقة ، فإن التساؤلات السابقة ، لا تجد إجابة صريحة ومحددة وقاطعة . فلكل سؤال أو تساؤل ما يثبته أو ينفيه .

ولكن ما يمكن تأكيده ، أن الارتباط بين المخدرات والجريمة يتحقق من خلال أمرين وهما :

الأمر الأول : يتعلق بجلب المخدرات و توزيعها :

تبدأ الجرائم الخاصة بالجلب والتوزيع من التجريم القانوني لها ، وترتبط بالجرائم ضد الأشخاص بالقتل أو الأذى البالغ أثناء الاصطدام مع قوات المطاردة لعصابات المهربين ، أو في مواقف الصراع الذي يحدث أحيانا بين أفراد هذه العصابات . كذلك توريط العديد من الأحداث والشباب في عصابات التوزيع والتسويق .

الأمر الثاني : الجرائم المرتبطة بالاستهلاك :

وتنحصر معظم هذه الجرائم في جرائم المال عندما يقع المدمن في ضائقة مالية تحول بينه وبين القدرة على شراء المخدرات ، وما يدفعه إلى السرقة لتوفير الأموال اللازمة لشراء المخدر . وقد يتعرض لموقف أثناء قيامه بالسرقة يدفعه إلى ارتكاب جريمة قتل .

******

القسم الثالث
العالم العربي والإسلامي ومكافحة الإدمان

الفصل العاشــــــر : العالم العربي والإسلامي وقضية الإدمان
الفصل الحادي عشر : محاور مكافحة الإدمان

الفصل العاشر
العالم العربي والإسلامي وقضية الإدمان

واقع العالم العربي والإسلامي :

لو ألقينا نظرة متأنية واعية على خريطة الوطن العربي والإسلامي الجغرافية
والسياسية ، لظهر لنا من أول وهلة أن مجتمعنا العربي والإسلامي تحيط به دول
وأمم ذات ثقافات ومعتقدات وقيم تختلف تماما مع ما تسود في مجتمعنا ، بل
إنه غالبا ما تحدث صدامات وصراعات ، قد تكون معلنة أو غير معلنة . يضاف
إلى ذلك أن بعض تلك الدول كانت لها ومازالت أطماع استعمارية في منطقتنا
العربية . وكما نرى ونسمع فإن تلك الدول تمارس العديد من الضغوط ، وتضرب
أنواع من الحصار الاقتصادي ، وغيرها من الحروب النفسية بهدف النيل من
مجتمعاتنا وتحقيق أهدافها وأطماعها القديمة الحديثة .

والأكثر من ذلك أن بعض تلك الدول دخلت وتدخل في صراعات وحروب
عسكرية مباشرة أو غير مباشرة مع بعض دول منطقتنا العربية ؛ طمعا في ثرواتها
التي حباها بها الله ، ومواردها الطبيعية المتعددة . ولذلك تسعى تلك الدول إلى
إضعاف قدراتنا العسكرية حتى تكون قادرة دائما على تحقيق التفوق العسكري
الذي يتيح لها تحقيق أهدافها وأطماعها .

وتسعى تلك الدول إلى استخدام كل الوسائل والأساليب المتاحة – زمانيا
ومكانيا وتقنيا – لتقليل وإضعاف إمكانيات وقدرات العرب والمسلمين . وقد
أدركت تلك الدول أن المفتاح الرئيسي والحقيقي لتحقيق ذلك يكون من خلال
الشباب . فالشباب هو قوة أية دولة وهو رصيدها الحقيقي وهو سلاحها الفعال .

ولذلك وجهت تلك الدول كل جهودها في اتجاه تدمير الشباب العربي والمسلم ، وسعت إلى البحث عن وسائل جديدة ومبتكرة تساعدها في هذا السياق . وقد نجحوا في تطوير أنواع من المخدرات ، كما نجحوا في نشرها بين الشباب . ومما ساعدهم على تحقيق ذلك ، تطور وسائل الاتصال والتنقل والتهريب .

وتجدر الإشارة هنا إلى أن إسرائيل في صراعها مع العرب والمسلمين تسعى إلى استخدام كافة الأسلحة المتاحة والممكنة . ولا نقصد هنا الأسلحة العسكرية ، بل تتعداها إلى المناورة بالضغوط السياسية ، وإلى امتلاك التقنية الحديثة ، وإلى استخدام المخدرات ونشرها بين الشباب العربي المسلم بهدف تحطيمه وشل قدرته وفاعليته . فهي تقوم بدفع عملاء لها لتهريب المخدرات عن طريق البحر الأبيض المتوسط إلى مصر ودول الشمال الإفريقي المطلة عليه ، أو تسريبها عن طريق الصحراء من أواسط أفريقيا إلى شمالها العربي المسلم ، أو تنقله عن طريق صحراء سيناء إلى مصر ودول أخرى .

الأعداء وسلاح الإدمان :

إن الإدمان ما هو إلا سلاح في يد الأعداء ، لا يقل فتكا وتدميرا عن أي سلاح حديث عرفته الحروب المعاصرة . ويزيد من خطورة هذه السموم أنها تمثل سلاحا غير مشهر ؛ فهي بذلك تظل خفية في الظلام ، تبث سمومها في أبدان ضحاياها دون أن تبرق فترى أو تنفجر فتسمع . ثم هي بعد ذلك سلاح لا يصيب المحاربين وحدهم ، بل يتعداهم إلى الآمنين . بل أنها فوق ذلك لا تقتل فقط من تصيبه ، وإنما تقتل أيضا من يأتي بعده من جيل الأبرياء .

إن مشكلة الإدمان على المخدرات في الوطن العربي والإسلامي ، ورغم عدم تفاقمها بذات المستويات التي وصلت إليها في بعض المجتمعات الغربية ،

بالمقارنة في وقتنا الراهن ، لكنها مشكلة يمكن أن تزيد تأثيراتها السلبية مستقبلا، وخاصة في بعض الدول العربية والإسلامية التي زادت فيها نسب التناول والإدمان .

أسباب استشراء المخدرات في عالمنا العربي والإسلامي :

وعلى وجه العموم ، فإن بوادر استشرائها في الوطن العربي والإسلامي تتمثل في عدة جوانب أهمها :

- عدم إدراك المعنيين [سياسيين وإداريين] على وجه الخصوص للتأثيرات الهدامة للمخدرات على مجتمعاتهم ، إذ ينظرون إليها في كثير من الأحيان على أنها مشكلة شخصية ، لا يعيرونها الاهتمام الكافي إلا بالقدر الذي يطال أبناءهم أو القريبين منهم .

- وجود الفهم الخاطىء لدى البعض من أبناء المجتمع العربي والإسلامي لمسألة تحريم المخدرات ، حيث يتعلل البعض بعدم وجود نص صريح لتحريمها كما هو الحال بالنسبة للخمر . هذا في الوقت الذي حرمتها جميع المذاهب بشكل صريح . وربما أوجد ذلك أرضية خصبة لتبرير تعاطيها والإتجار بها عند شرائح ليست قليلة في تلك المجتمعات .

- مازالت هناك فئة كبيرة من المجتمعات العربية والإسلامية غير واعية بطبيعة استخدام المخدرات سلاحا ضد إخوانهم في الدين . كما أن قلة وعيهم هذا وإيمانهم بأن [الغاية تبرر الوسيلة] في تعاملهم مع الظروف المحيطة بهم ، جعلهم يتغاضون عن زراعة وتصنيع بعض أنواع المخدرات في أراضيهم ، وكذلك الاتجار بها ، كما هو الحال بالنسبة لدولة أفغانستان وبعض الدول الأخرى التي تحصل على أموال طائلة من التعامل بها [زراعة وتجارة] دون النظر إلى المستقبل الذي قد تكون فيه [بل وتصبح] المخدرات أداة لهدم مجتمعاتهم التي ساهمت

في نشرها .
- إن غالبية المجتمعات العربية والإسلامية وبسبب نقص الإمكانيات المادية ، لا تميل إلى مسائل التحصين والوقاية في كل مناحي الحياة ومنها ما يتعلق بالمخدرات ، مما جعل ردود فعلها الآتية وتخصيصاتها المادية تأتى غالبا لمعالجة واقع ما بعد حصول الأزمة ، وليس للحيلولة دون حدوثها .

أهداف أعداء العرب من نشر المخدرات :

إن الغاية والأهداف التي يتوخاها أعداء الأمة الإسلامية [بما فيهم العدو الاسرائيلى] ؛ من مساعدتهم لنشر تناول المخدرات والإدمان عليها بين الشباب العربي والمسلم ، يمكن حصرها فيما يلي :

- إعداد إنسان [وخاصة الشباب] ضعيف نفسيا وبدنيا وغير قادر على الدفاع عن أمته وأهدافها السامية .
- زرع روح اللامبالاة و[الانسحابية] بين العرب والمسلمين ، ودفعهم إلى التخلي عن هموم أمتهم .
- خلق حالة من الوهن والضعف بين أبناء الأمة تلهيهم بمشاكلهم بعيدا عن مشاكل الأمة في الاستمرار والبقاء طليعة لأبناء الأمم الأخرى .
- صياغة وضع خاص في المجتمعات العربية والإسلامية فيه من المشاكل ما يبعد الأمة عن التفرغ للتطور والرقى ، أسوة بالأمم الأخرى على الكرة الأرضية .
- استنزاف جزء من طاقات الأمة المادية والبشرية للتعامل مع مشاكل متفرقة من بينها الإدمان ، مما يحول دون تخصيص الجهد المناسب لمسائل أخرى تهم الأمة العربية المسلمة .
- تقليل الروح الوطنية بين العرب والمسلمين وبما يدفعهم إلى التخلي تدريجيا عن طموحاتهم وأهدافهم في التحرير والبناء والتقدم .

- تحطيم معنويات الإنسان العربي المسلم ، وإضعاف أداءه دفاعا عن مصير الأمة .
- إيجاد مفاهيم وقيم جديدة في المجتمع العربي الإسلامي بعيدة عـن الضـوابط والتشريعات الإسلامية ، بهدف تحقيق خروقات قيمة ، وربما شرعية إسلامية .

*****

الفصل الحادي عشر
محاور مكافحة الإدمان

المحور الأول : محاربة التدخين وضرورة الإقلاع عنه :

كما ذكرنا سابقا فإن التدخين هو البوابة الرئيسية للدخول في عالم الإدمان بكافة صوره وأشكاله , كما أن التدخين يتسبب في حدوث تغييرات فيزيائية وكيميائية في الجسم بسبب مادة النيكوتين التي تعد المسئولة عن إدمان التدخين. وهذا يجعل عملية الإقلاع عن التدخين ليست سهلة .

إن عملية الإقلاع عن التدخين قد يصاحبها بعض الأعراض المزعجة , مثل : الصداع والشعور بالضيق والعرق والاكتئاب في المراحل الأولى من الإقلاع عن التدخين , وذلك بسبب نقص النيكوتين . ولكن هذه الأعراض تختفي تماما خلال أسابيع قليلة من الإقلاع عن التدخين .

ومما تجدر الإشارة إليه أن جميع الدول والهيئات والحكومات والمنظمات الدولية تحاول جاهدة بشتى الطرق محاربة ومكافحة التدخين . وبالفعل دخلت دول عديدة حربا شرسة ضد الشركات المنتجة للسجائر , وذلك عن طريق توعية وتثقيف مواطنيها بأضرار التدخين . كما يوجد في بعض الدول مؤسسات خاصة لمساعدة مدمني التدخين في وضع برامج تساعدهم على الإقلاع عن هذه العادة السيئة .

وتقوم منظمة الصحة العالمية بدور بارز بالتعاون مع الدول الأعضاء بالعمل من أجل تخليص العالم من التدخين , واعتبار [31]مايو من كل عام [اليوم العالمي للامتناع عن التدخين] , وكان الاحتفال بهذه المناسبة عام 1999م تحت شعار [موسم التوبة من التدخين] , حيث ركزت المنظمة على

دعوة المدخن باتخاذ قرار حاسم بالتوقف عن التدخين , واعتبار 31 مايو يومه الأول في حياة متحررة من التدخين وأضراره المميتة .

وتعد مصر من أوائل الدول النامية التي أعلنت الحرب على التدخين بإصدارها أول تشريع في 25 /7 /1981م لمحاولة حصار التدخين وآثاره , ثم صدر القانون رقم [4] لسنة 1994م في شأن حماية البيئة ولائحته التنفيذية , حيث تضمنت المادتين [46و87] من القانون منع التدخين في الأماكن المغلقة , ومعاقبة صاحب المنشأة الذي لا يحدد أماكن مخصصة للتدخين بغرامة لا تقل عن [1000جنيه] ولا تزيد عن [20000جنيه] . كما قضت ذات المواد بمعاقبة المدخن في وسائل النقل العام بغرامة لا تقل عن [10جنيهات] ولا تزيد عن [50جنيها] , وفي حالة العودة تكون العقوبة الحبس والغرامة .

ولقد ناشدت السيدة الدكتورة وزيرة الدولة لشئون البيئة [سابقا] جميع الوزارات والمصالح والهيئات والمؤسسات للإسهام في الحد من التدخين حفاظا على الصحة والبيئة . ولقد استجاب لذلك العديد من الوزارات والهيئات والمؤسسات حيث صدر قرار بمنع وحظر بيع وتدخين السجائر داخل الحرم الجامعي وجميع المنشآت التابعة لقطاع البحث العلمي . وصدر قرارا بمنع التدخين في جميع الفنادق السياحية , كمل صدر قرار يقضي بمنع التدخين في صالات الوصول بجميع مطارات الجمهورية , وتخصيص أماكن للمدخنين بصالات السفر .

كذلك بدأ البرنامج القومي لمكافحة التدخين الذي تشارك فيه [12] وزارة , من بينها وزارة الدولة لشئون البيئة ووزارة الصحة ووزارة الإعلام . كما تم استحداث إدارة في وزارة الصحة لمكافحة التدخين , وعمل عيادات خاصة للتوعية بأضرار التدخين . كما يتم الاستعانة بوسائل الإعلام المختلفة

في التوعية بأضرار التدخين . هذا وقد أصدرت الدولة تشريع يمنع بيع السجائر للصغار . كما يقدم السادة الأطباء في مختلف التخصصات بعض النصائح المهمة والتي تساعد المدخنين على الإقلاع عن عادة التدخين . ومن أهم هذه النصائح :

1 – محاولة تجنب شراء السجائر تحت أي ظرف من الظروف .

2 – تجنب الجلوس في أماكن المناسبات والحفلات التي يكثر فيها التدخين .

3 – عند شعور المدخن بالرغبة في التدخين , عليه أن يضع في فمه مبسما خاليا بدون سيجارة .

4 – غسل الأسنان بمعجون أسنان قوي النكهة ثلاث أو أربع مرات يوميا .

5 – عند شعور المدخن برغبة ملحة في التدخين , عليه أن يحاول مضغ قطعة من اللبان .

6 – محاولة تغيير أسلوب تعامل المدخن مع السيجارة . فبدلا من تدخين السيجارة كاملة , يمكن أن يكتفي المدخن بتدخين نصفها , مع تقليل عدد مرات سحب نفس الدخان منها .

7 – استخدام السجائر منخفضة المحتوى من النيكوتين أو القطران .

8 – عند الضرورة وإذا كان المدخن مازالت لديه الرغبة التخلص من عادة التدخين , فهناك وسائل علاج نفسية وكيميائية يتلقاها مدمن التدخين عن طريق عيادات معالجة الإدمان مثل : استخدام لبان النيكوتين , ونشوق النيكوتين , وبخاخة النيكوتين . وتلك كلها وسائل ومحاولات تمهد وتساعد المدمن ليتخطى بنجاح فترات [سحب النيكوتين] .

وسائل الإقلاع عن التدخين :

مما لا شك فيه أن أحسن وسيلة للتخلص من التدخين والإقلاع عنه , أن

يأخذ المدخن قرار الإقلاع بنفسه دون ضغوط خارجية عليه .

وأهم الوسائل في هذا المجال , هي :

(1) التصميم على ترك التدخين بإرادة قوية وعزيمة صادقة .

(2) الاقتناع بأن التدخين ضار للجسم , ومن هنا كان الإصرار على الإقلاع .

(3) على المدخن أن يتناول ست وجبات كل يوم من الدواء المسمى [اللوبلين] , فإن ذلك يساعد على ترك التدخين , حيث إن هذا العقار يتميز بمفعوله الكيميائي في الدم المشابه لمفعول النيكوتين .

(4) استخدام غرغرة الفم , وهو محلول نترات الفضة بنسبة 1% قبل التدخين .

(5) ممارسة بعض التمارين الرياضية .

(6) الراحة الجسمانية كالنوم .

(7) أخذ حبوب [بابكس] ؛ وهي تساعد المدخنين على نبذ التدخين .

(8) التنزه في الهواء الطلق .

(9) الاستحمام يوميا بالماء البارد .

المحور الثاني : العلاج من الإدمان :

علاج الإدمان متعدد الأوجه ، فهو جسمي ونفسي واجتماعي , بحيث يتعذر أن يتخلص الشخص من الإدمان إذا اقتصر على علاج الجسم دون النفس أو النفس دون الجسم ، أو التغاضى عن الدور الذي يقوم به المجتمع في العلاج .

ويبدأ العلاج في اللحظة التي يقرر فيها الشخص التوقف عن تعاطى

المخدرات . ومن الأهمية بمكان أن يكون هو الذي اتخذ القرار بالتوقف ولم يفرض عليه ، وإلا فإنه لن يلبث أن يعود إلى التعاطي في أول فرصة تسنح له . وهنا يثار تساؤل حول القرار الذي يصدره القاضي بإيداع الشخص الذي قدم إلى المحكمة وثبت لها أنه مدمن لإحدى المصحات ليعالج فيها لمده معينة ، والذي يبدو بجلاء أنه ليس هو الذي اتخذ قرار العلاج ؛ وإنما فرضته عليه المحكمة ، هل يستجيب المدمن للعلاج أم لا يلبث أن يعود إلى التعاطي مرة أخرى ؟

والإجابة تكون : نعم من المرجح أن يعود المدمن - الواقع تحت العلاج الجبري - إلى التعاطي . وهذا ما أكدته الدراسات التي أجريت على عينة من المدمنين الذين تم إيداعهم المصحات لتلقى العلاج ، وتبين أنهم استمروا في التعاطي أثناء وجودهم فيها وبعد خروجهم منها .

كذلك المدمنون الذين تلح عليهم أسرهم ليدخلوا المصحات لتلقى العلاج , فلا يملكون إلا الموافقة بعد طول رفض ، فإنهم لا يتوقفون عن التعاطي أثناء إقامتهم بالمصحات وإلى أن يغادروها ، وقد فشل علاجهم ، ولم تجن أسرهم غير الخسارة المالية الفادحة ؛ والمتمثلة في ما أنفقته على علاج غير حقيقي .

وفي المقابل نرى أن المدمن الذي اتخذ قراره بالتوقف عن التعاطي من تلقاء نفسه ودون ضغط من أحد ، يقاوم بإصرار حالة الإنسحاب التي تعتريه ويتحمل ما تسببه له من الآلام مستعينا بما يعتقد أنه يساعده على المضي قدما فيما قرره كالصلاة والصوم وضروب العبادة الأخرى ، فضلا عن وسائل العلاج البدني والنفسي ، وهو في الحالات التي حالفها التوفيق .

ومما تجدر الإشارة إليه ، أن نسبة الذين لم يفلح معهم العلاج وعادوا إلى

الإدمان قد بلغت نحو [64%] من العدد الإجمالي لمن دخلوا المصحات للعلاج .

وفي الحقيقة , وبغض النظر عن طرق العلاج وأساليبه ، فإن تعاون المدمن مع من يقومون بعلاجه من أجل الشفاء من الإدمان يلعب دورا بالغ الأهمية في حدوث ذلك . ولكن في كثير من الأحيان ، فإن المتعاطين أنفسهم يقاومون العلاج ، وإنهم - ولأسباب غير مفهومة - لا يرغبون في الإقلاع عن الإدمان أو تلقى المساعدة . ولذلك توصل بعض المعالجين إلى أنه لا يوجد شيء يمكن لأي شخص فعله إذا لم يرد المدمن أن يساعد نفسه ، وأن يساعده الآخرين .

وبعد أن يلمس الطبيب رغبة الشخص المدمن في العلاج وسعيه إليه ، يبدأ في البحث عما إذا كان قد سبق لهذا المدمن أن تلقى علاجا أم لا ، وذلك لاحتمال أن يكون للعلاج الذي تلقاه أثر ولكنه لا يظهر إلا متأخرا ، وهو ما يجب أن يأخذه الطبيب المعالج بعين الاعتبار ؛ خاصة بعد ما تبين من أن أطول البرامج العلاجية وأحسنها تنظيما أسفرت عن نتائج لم يكن من الممكن التنبؤ بها .

كذلك من الأهمية بمكان التعرف على شكل العلاقة بين المدمن وبيئته الاجتماعية لعلاقة ذلك بالنتيجة التي سينتهي إليها العلاج من حيث النجاح أو الفشل . فالأشخاص الذين يتلقون دعما اجتماعيا وأسريا يتوقع لهم أن يتحسنوا أكثر من هؤلاء الذين لا يتلقون مثل هذا الدعم .

لذلك يجب أن يحاط المدمن علما - منذ البداية - بالاحتمالات المختلفة سواء منها المصاحبة للعلاج أو التالية له حتى إذا لم يتحقق النجاح المنشود لم يصب بخيبة أمل كبيرة أو يفقد ثقته في الطبيب أو الاخصائي المعالج . كما يجب أن يكون المدمن واعيا بدوره في نجاح العلاج وفشله ، وأن النجاح ليس فوريا

أو سريعا بالضرورة ، بل يحتاج إلى قدر كبير من التحمل والصبر .

الاكتشاف المبكر للإدمان :

يعد الاكتشاف المبكر للتعاطي من الأمور التي تسهل العلاج وتضمنه ، ولهذا فإنه من الضروري الحرص عليه وتوجيه المتعاطي إلى الجهة المختصة بالعلاج . ولا يدل كل تغيير في السلوك أو أي عرض جسمانى ظاهر أن هناك حالة إدمان ، وإنما الأمر الهام هو الصورة الكلية والتغيير الواضح في عدة أمور أو أعراض أهمها ما يلي :

- العصبية والعزلة عن الأسرة ، حيث يصبح المتعاطي سهل الإثارة وعدوانيا وشديد الحساسية ، ويصبح أقل تعاونا أو أكثر غضبا واكتئابا .
- تغيير الاهتمامات والأصدقاء حيث يتخلى المتعاطي تدريجيا عن الأصدقاء القدامى الملتزمين الجادين ، ويلتقي بنوعيه من أصدقاء التعاطي [أصدقاء السوء] ، حيث تتغير عاداته وأخلاقه .
- تدهور الصحة العامة للمدمن ؛ حيث يعانى المتعاطي من اضطرابات صحية فيفقد شهيته للطعام وينقص وزنه ، كما تضطرب حواسه وإدراكه للواقع المحيط به ، ويختل لديه نظام النوم واليقظة وأنشطة اليوم ، كما تنخفض قدرته على التفكير .
- المراوغة والكذب حيث إن المتعاطي يضطر إلى إخفاء سلوكه السوء عن الغير ، لذلك لا تسعفه غير سلسلة من الأكاذيب يستسهل القول بها شيئا فشيئا ، حتى يعتادها تماما .
- ظهور المخدر بالتحليل المعملى ، فقد أصبح التحليل المعملى الآن سريعا بسيطا يعتمد على فحص عينة من البول دون حاجة إلى متخصص لأخذ

العينة من الدم ، مما يسهل الأمر على الأسرة . أي أن تحليل البول أصبح أسهل من تحليل الدم ، وهو يجيب على التساؤل المطروح : هل هذا الشخص مدمنا أم لا ؟

مراحل العلاج :

لعلاج الإدمان مراحل متعددة ، فلا يمكن تجزئته بالاكتفاء بمرحلة دون الأخرى ، أو تطبيق بعضه دون البعض ، لأن ذلك مما يضر به ويضعف من نتائجه . فلا يجوز – مثلا – الاكتفاء بالمرحلة الأولى من العلاج والمتعلقة بتخليص الدم من السموم الإدمانية دون العلاج النفسي والاجتماعي . ولا يجوز الاكتفاء بهذا أو ذاك دون إعادة صياغة علاقة التائب من الإدمان بأسرته ومجتمعه ، وذلك لمنع النكسات المحتملة التي تمثل خطرا شديدا على مصير العملية العلاجية ككل .

ويمكن تقسيم مراحل العلاج من الإدمان إلى ثلاثة مراحل هي :

أولا : مرحلة التخلص من السموم

وتعد هذه المرحلة مرحلة طبية في الأساس ، وفيها يتم تقديم العلاج الطبي للمدمن الذي يساعد جسده على القيام بدوره الطبيعي في التخلص من السموم ، وأيضا التخفيف من الألم الناتج من الإنسحاب ، مع تعويضه عن السوائل المفقودة . ويأتي بعد ذلك الأعراض الناتجة والمضاعفة لمرحلة الإنسحاب .

ثانيا : مرحلة العلاج النفسي والاجتماعي

إذا كان الإدمان ظاهرة إجتماعية ونفسية في الأساس ، فإن هذه المرحلة تصبح ضرورة . فهي تعتبر العلاج الحقيقي للمدمن لأنها تنصب على المشكلة نفسها بغرض القضاء على أساليب الإدمان . وتتضمن هذه المرحلة العلاج

النفسي للمدمن ، ثم تمتد إلى الأسرة ذاتها لعلاج الاضطرابات التي تصيب علاقات أفرادها. وتتضمن أيضا تدريبات عملية للمتعاطي على كيفية اتخاذ القرارات وحل المشكلات ومواجهة الضغوط وكيفية الاسترخاء والتنفس والتأمل والنوم الصحي .

كذلك تتضمن التدريبات الاجتماعية لمن يفتقد منهم القدرة على التواصل الاجتماعي . وتتضمن أخيرا العلاج الرياضي لاستعادة المدمن كفاءته البدنية ودعم قيمة احترام نقاء جسده وفاعليته .

ثالثا : مرحلة التأهيل والرعاية الصحية اللاحقة

وتنقسم هذه المرحلة بدورها إلى ثلاث مراحل هى :

أ- مرحلة التأهيل العملي

وتستهدف هذه المرحلة استعادة المدمن لقدراته وفاعليته في مجال عمله . أما إذا لم يتمكن من هذه العودة ، فيجب تدريبه وتأهيله لأي عمل آخر متاح حتى يمارس الحياة بشكل طبيعي .

ب- مرحلة التأهيل الاجتماعي

وتستهدف هذه المرحلة إعادة دمج المدمن في الأسرة والمجتمع . ويعتمد العلاج هنا على تحسين العلاقة بين المدمن من ناحية والأسرة والمجتمع من ناحية أخرى . وتدريب كلا منهما على التفاهم معا ، ومساعدة المدمن على استرداد ثقة أهله ومجتمعه فيه .

جـ - الوقاية من النكسات

والمقصود بها المتابعة العلاجية لمن شفى لفترات تتراوح ما بين ستة أشهر وسنتين من بداية العلاج ، مع تدريبه وأسرته على الاكتشاف المبكر للعلامات المنذرة لاحتمالات النكسة لسرعة الوقاية تجاهها .

المحور الثالث : تكاتف الجهود للأفراد و الهيئات

يجب أن تتكاتف كافة الجهود للقضاء على ظاهرة الإدمان إنقاذا لشبابنا ووطننا ابتداء من الفرد والأسرة ثم المجتمع بما يشمله من مؤسسات علمية وصحية ورياضية ودور العبادة ووسائل الإعلام جميعها وصولا إلى أجهزة الأمن ومكافحة المخدرات .

وسوف نشير إلى جهود بعض هذه الجهات في السطور التالية :

أولا: دور الفرد

ويتمثل دور الفرد أولا وقبل كل شيء في أن يستخدم أعظم نعمه حباه الله إياها ، ألا وهي نعمة العقل . فعلى الفرد أن يستعمل عقلة ليفرق بين طريق السلامة وطريق الندامة . كما يجب أن يكون الفرد واعيا في اختيار أصدقائه ورفقاء حياته ، كما يجب أن يكون حكيما عندما يواجه مشكلة ، أيا كانت ، وأن يفكر في حلها ولا يهرب - أو يحاول الهروب- منها . فدائما ، الهروب تكون عوا قبة أسوأ من المواجهة . وهكذا يتضح أن الفرد له الدور الأكبر في توجيه نفسه بعيدا عن المخاطر .

ثانيا : دور الأسرة

الأسرة هي الخلية الصغيرة في جسد الأمة ، إذ أن الرعاية والنصح والتوجيه يبدأ من الأسرة الصغيرة . فيجب أن يراقب الأب أبناؤه ، ويتعرف على أصدقاء ابنه ، وأن يتعرف على الأماكن التي يتردد عليها ، والأماكن التي يسهر فيها . كذلك يراقب مواعيد نومه وسهره ، كما يتابع علاقته بأفراد الأسرة ويراقب مصروفه ، وانتظامه في المدرسة أو الجامعة .

ويجب أن تتوافر القدوة الحسنة في الأسرة للأبناء ، فوجود قدوة حسنة في الأسرة هو عامل قوى في تقويم الشخصية حتى تلتزم وتتحمل المسئولية وتبتعد عن الانحراف . فالملاحظ من الدراسات دائما أن أسرة المدمن لها شكل

خاص : أنها أسرة مفككه منهارة بسبب الطلاق والهجر وأن أسرة المدمن –
غالبا – ما تعاني من عداء وصراع بين الوالدين . كذلك أثبتت الدراسات أن وجود
الأبوين بجوار الأبناء ، ووجود أسرة قوية مترابطة ، وخاصة في سن البلوغ له
أهمية بالغة في إحساسهم بالأمن والوقاية وامتصاص الغضب وعدم اليأس ، ويولد
لدى الأبناء الشعور المتجدد بالأمل . وأخيرا عدم الهروب من الواقع المؤلم بالاتجاه
إلى المخدرات .

وإلى جانب ذلك ، فإن للأسرة دور كبير في غرس القيم الدينية في نفوس
أولادها والحرص عليها ، ففي غياب هذه القيم تشتعل نار الإدمان .

ثالثا : دور المؤسسة الدينية

لقد نبذت كل الأديان السماوية ، الإسلامية والمسيحية تعاطي المخدرات
والإدمان ، بل وحرمته أيضا . فقد قال الرسول ﷺ : [كل مسكر حرام] . كما قال
الـلـه تعالى : [ولا تلقوا بأيديكم إلى التهلكة]

وتلعب دور العبادة دورا مهما في توجيه الناس من خلال الخطب والندوات
الدينية التي توضح مدى خطورة الإدمان – ابتداء من التدخين وحتى أشد المواد
خطورة مثل : الهيروين والكوكايين – على صحة الشباب وعلى سلامة المجتمع وعلى
اقتصاد وأمن الدولة .

رابعا : دور وزارة التربية والتعليم والمدارس

قرر مجلس نقابة المعلمين وضع خطة قومية لحماية الشباب تلبية لدعوة
الرئيس مبارك , على أن تشارك في وضعها جميع النقابات الفرعية بالمحافظات ،
وعلى أن تقوم هذه الخطة على أساس دعم نوادي المعلمين بجميع المحافظات
واستكمال جميع تجهيزاتها ، والتوسع في إقامة النوادي الاجتماعية باللجان النقابية
المختلفة . كذلك تضمين مناهج الصحة العامة أضرار الإدمان والمخدرات ، مع
الإشارة إلى تجارب الدول المختلفة في هذا المجال .

كما قررت إدارة القاهرة تكثيف الجهود لتوعية الطلاب بخطورة ظاهرة الإدمان ، وكشف الأضرار الناتجة عنها ، مع تشديد الرقابة ، والاهتمام بعقد ندوات عامة وميدانية أثناء الدراسة وفي أيام العطلات لبث الوعي الديني في نفوس الطلاب والشباب .

خامسا : دور وزارة الشئون الاجتماعية

قررت وزارة الشئون الاجتماعية علاج ظاهرة الإدمان للمخدرات عن طريق تنفيذ التوصيات والقرارات التي توصلت إليها الأبحاث والدراسات التي أجرتها الوزارة لمواجهة هذه الظاهرة ، وأن يكون العلاج متكاملا مع علاج الجانب النفسي والاجتماعي للمدمن .

كما قررت الوزارة التوسع في إنشاء النوادي والمراكز التأهيلية لعلاج مدمني المخدرات ، وإعداد البرامج المهنية للحالات المتقدمة للعلاج لمساعدتها في توفير فرص العمل المناسبة لقدراتهم النفسية والصحية .

كذلك تقرر تزويد المعوقين من المدمنين بالأجهزة التعويضية وصرف مساعدات شهرية لهم ولأسرهم أثناء العلاج لمن لا يستطيع العمل ، ومنح من يرغب قرضا مناسبا لبدأ مشروع مناسب . كما تقرر إلحاق المدمنين المعالجين ممن نجحوا في الإقلاع بأندية ومراكز علاج الإدمان كأعضاء عاملين للاستفادة من خبراتهم في علاج الحالات الحرجة الجديدة .

سادسا : دور المجلس الأعلى للشباب والرياضة

يقوم المجلس بإعداد خطة شاملة مقسمة على مراحل للقضاء على هذه الظاهرة التي تهدد الكيان الاجتماعي للمجتمع المصري . كما اجتمع رئيس المجلس برؤساء الأندية لبحث هذا الخطر ومدى انتشاره داخل الأندية وكيفية القضاء عليه . كما تم التنسيق مع وزارة الصحة لإنشاء مصحات خاصة بمرضى الهيروين ، وسوف يتم التوسع في إنشاء هذه المصحات لاستيعاب أكبر عدد من

مدمني هذا المخدر الخطير .

وقد تم الاتفاق مع رؤساء الأندية على تكثيف الأنشطة الرياضية والثقافية والاجتماعية ، وإنعاش حركة الجوالة وتشجيع الشباب على ممارسة هذه الأنشطة . كما سيتم إنشاء نادى للطلائع بكل نادى رياضي ، لإقامه ندوات علمية متعددة طوال العام . كما سيتم إضاءة جميع مرافق الاندية ، وتعيين مراقبين في كل نادى مهمتهم الإشراف على جميع الأماكن بالنادي . كما يتم مراجعة اللوائح والقوانين المنظمة للأندية .

سابعا : دور أجهزة الإعلام

من المعروف أن الإعلام الجيد المدروس وفق خطط للتوعية يؤدى للغرض منه ويمكنه من أن يتناول العديد من المشاكل ويحلها . وقد برز دور أجهزة الإعلام المؤثر في التوعية بمشكلة المخدرات ، وتكوين رأى عام يدينها ويحاصرها . وظهرت البرامج الهادفة التي تبصر بالمشكلة وأبعادها. كما تسابقت الأقلام الشريفة تحذر وتوجه ، والتقت الصحف القومية والحزبية على موقف وطني واحد يطالب بالتصدى لهذه الظاهرة المدمرة .

وقد وافقت لجنة السياسات الإعلامية برئاسة السيد وزير الإعلام على خطة وزارته لتطوير الحملة القومية للتصدى للسموم البيضاء ، وتطوير البرامج الجماهيرية والندوات ، وإصدار عدد من الملصقات التي تخدم هذه الحملة .

ثامنا : دور أجهزة الأمن

تعد مصر من أوائل الدول التي أهتمت بمشكلة المخدرات ، وكان أبلغ دليل على ذلك إنشاء أول جهاز لمكافحة المخدرات في العالم في عام 1929م ، وهو مكتب المخابرات العام للمواد المخدرة . وتتولى الإدارة العامة لمكافحة المخدرات وفروعها وأقسام ووحدات مكافحة المخدرات بالمحافظات التعاون مع الشرطة المحلية وقوات حرس الحدود ورجال الجمارك مقاومة الاتجار غير

المشروع في المخدرات والحد من ذلك ، وتتعاون الإدارة العامة للصيدلة التابعة لوزارة الصحة في السيطرة على التجارة المشروعة للمخدرات ، ومنع تسرب كميات منها للاتجار غير المشروع . كما تقوم الإدارة بتشجيع المدمنين على التقدم للعلاج في المصحات ، وتذليل ما يعترضهم من عقبات ، متعاونة في ذلك مع وزارة الصحة [إدارة الصحة النفسية] ووزارة الشئون الاجتماعية [العيادات الخارجية للجمعية المركزية لمنع المسكرات ومكافحة المخدرات ونوادي التأهيل الاجتماعي] . كما أن وزارة الداخلية اتخذت إجراءات باعتبار كافة أجهزة الشرطة مسئولة عن مكافحة المخدرات ، وإجراء متابعة لعمليات ضبط المخدرات على مستوى المحافظات وتقدير الحوافز الفورية كما تم إعداد كشوف بأسماء مهربي وتجار المخدرات مع عمل تحريات جديدة للتأكد من استمرارهم في مزاولة نشاطهم ، وإخطار المدعى العام الاشتراكي بثرواتهم ومصادرها لتطبيق القانون الخاص بفرض الحراسة ، وتأمين سلامة الشعب . كذلك يتم استخدام كلاب الشرطة المدربة على نطاق واسع فى الكشف عن المواد المخدرة بالموانئ والمطارات .

تاسعا: دور المجلس القومي للأمومة والطفولة

وتجدر الإشارة إلى الدور العظيم الذي يقوم به المجلس القومي للأمومة والطفولة برئاسة السيدة الفاضلة /سوزان مبارك في محاربة ظاهرة الإدمان . فهي دائما تعقد ندوات ومؤتمرات تحارب فيها الإدمان بكافة أشكالة ، وكان منها : المؤتمر الذي عقد منذ سنوات قريبة برئاسة السيدة سوزان مبارك وتنفيذ السيدة السفيرة [مشيرة خطاب] ، وكان تحت عنوان [معا لحماية النشء من المخدرات] ؛ والذي حقق نتائج جيدة في التخلص من هذه الآفة المدمرة .

******

Printed in the United States
By Bookmasters